HEYNE

W0048377

MICHAEL BIRNBAUM

Krisenherd Somalia

Das Land des Terrors und der Anarchie

WILHELM HEYNE VERLAG
MÜNCHEN

HEYNE SACHBUCH
19/831

BILDNACHWEIS

dpa München: 1 oben, 2, 3, 4, 5, 6 oben
SV- Bilderdienst München: 1 unten
ap Frankfurt: 6 unten, 7, 8 oben
Ludger Schadomsky/Das Fotoarchiv Essen, 8 unten

Umwelthinweis:
Dieses Buch wurde auf chlor- und säurefreiem Papier gedruckt.

Originalausgabe 3/2002
Copyright © 2002 by Wilhelm Heyne Verlag GmbH & Co. KG,
München
http://www.heyne.de
Printed in Germany 2002
Karten: Design Studio Fleischer
Umschlagillustrationen: oben: Picture Press / Corbis / David & Peter
Turnley, Hamburg
unten: Oxford Designers and Illustrators, Oxford
Umschlaggestaltung: Hauptmann und Kampa Werbeagentur,
CH-Zug
Herstellung: H + G Lidl, München
Satz: Fotosatz Völkl, Puchheim
Druck und Verarbeitung: Ebner, Ulm

ISBN 3-453-86109-4

INHALT

Dieses Buch ist meiner Frau Petra gewidmet,
die all die ungewissen Tage und Nächte in Nairobi ausharren
musste, während derer ich mich in Somalia herumtrieb,
und im Andenken geschrieben an den Rasta-Mann
Elman Ali Ahmed, der seine Initiative mit dem Leben
bezahlte, Licht ins Dunkel von Mogadischu zu bringen.

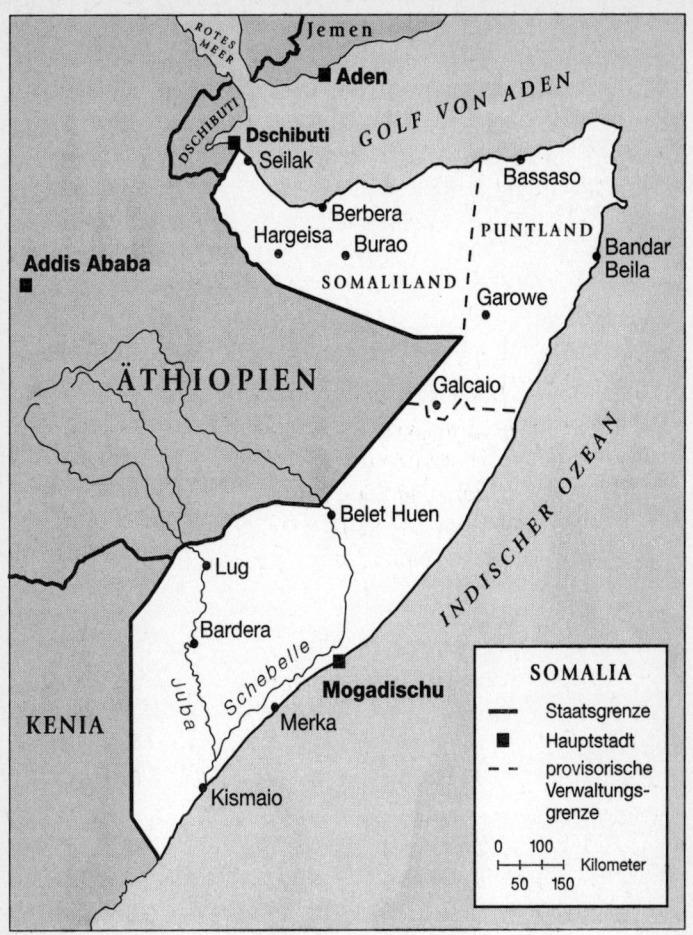

*Somalia und die beiden unabhängigen Republiken Somali-
land und Puntland*

1. Terror, Gewalt und Anarchie

Ein Sonntag wie jeder andere in Somalias zertrümmerter Hauptstadt Mogadischu. Eine leichte, salzige Brise weht über die mächtigen Sanddünen vom immer blauen Indischen Ozean herüber und lässt die Palmenblätter knistern. Es ist der 3. Oktober 1993, nachmittags um 3.30 Uhr. Deutschland begeht den Tag der Deutschen Einheit, in dieser muslimischen Stadt aber ist ein Sonntag kein Feiertag. Noch ahnt niemand, dass die nächsten Stunden alles verändern werden.

Auf dem brüchigen Asphalt des ehemaligen internationalen Flughafens hat sich eine High-Tech-Armada aufgestellt. Die Motoren von 17 Helikoptern laufen warm, amerikanische Hubschrauber vom Typ *Blackhawk* und *Little Bird*. Drinnen schwitzen in sandfarbenen Wüstenkampfanzügen und kugelsicheren Westen 75 U.S. Rangers und 40 Mann der Eliteeinheit *Delta Force*. Sie warten auf das Codewort zu ihrem Einsatz. Für heute wurde »Irene« ausgegeben. Der Auftrag lautet: Mindestens zwei militärische Topleute des Habirgedir-Klans des somalischen *warlords* Mohammed Farah Aidid festzunehmen, dieser hat die Vereinigten Staaten herausgefordert, jetzt schlagen sie zurück.

Der Plan ist einfach: Die *Delta-Force*-Einheiten landen nahe des fünfstöckigen Olympic-Hotels, einem der wenigen nicht zerstörten Häuser der Bürgerkriegsstadt, stürmen das nahe gelegene Zielgebäude, einen L-förmigen Bau mit Flachdach, umgeben von einer Steinmauer, und platzen in die Versammlung der Klanältesten hinein. Das Zielobjekt liegt wie das Olympic-Hotel an der Hawlwadigstraße, einer der ehemals geteerten Nord-Süd-Avenuen von Somalias Hauptstadt. Das war früher eine pittoreske, italienisch anmutende afrikanische Hafenstadt, seit den Wirren des Bürgerkrieges und des Hungers aber gleicht die Stadt einer zerschossenen Kulisse, einem Albtraum nach der Apokalypse.

Rechts und links gehen von der Hauptstraße Hawlwadig enge, schmale Staubwege ab. Nur drei Häuserblöcke vom Einsatzort entfernt, liegt der emsige Bakaramarkt. Das Viertel gehört zu den unsicheren, nicht kontrollierbaren Gebieten in Mogadischu, hat den Ruf, ein Hornissennest der Aidid-Anhänger zu sein. Deshalb geht der amerikanische Kommandeur, Generalmajor William F. Garrison, nur ein kalkulierbares Risiko ein und schickt seine Jungens bei Tageslicht rein.

Für solche Einsätze ist die *Delta Force* erfunden worden, eine Eliteeinheit der amerikanischen Armee zur Terrorbekämpfung, deren Existenz offiziell nicht bestätigt wird. Sie besteht aus drei Schwadronen zu je 150 Mann, Elitesoldaten meist Ende 20, höchstens Anfang 30, in endlosem Drill ausgesucht und ausgebildet. An diesem sonnigen Nachmittag in Mogadischu fliegen die *D-Boys* in vier kleinen, wendigen und leicht manövrierbaren Helikoptern vom Typ MH-6 (Military Helicopters 6), so genannten *Little Birds*; die können auch in dicht bebautem Gebiet am Boden landen.

D-Boys ist der Spitzname, den die *Delta Force* von den U.S. Rangers bekommen hat. Auch die Rangers werden mit von der Partie sein. Vier Komandoeinheiten sitzen in *Blackhawks*, Hubschraubern des Typs UH-60, großen Maschinen von mehr als 20 Metern Länge, mit einem Piloten, Kopiloten und zwei Mann an schnell feuernden Maschinengewehren. Die *Blackhawks* können in dem Viertel um die Hawlwadigstraße nicht landen. Die Rangers werden sich in vier Gruppen abseilen, das Zielobjekt sichern und absperren, keinen mehr rein- oder rauslassen, bis der Fahrzeugkonvoi kommt und die Gefangenen und ihre Häscher aufnimmt und zum Flughafen zurückbringt, dem Sitz des Oberkommandos der amerikanischen Streitkräfte in Mogadischu.

Dieser Konvoi steht bereits am Rande des Flugfeldes bereit. Er besteht aus einem Dutzend so genannter *Humvees*, allradgetriebenen, überbreiten Alleskönnern, denen kein Gelände zu uneben, kein Terrain unpassierbar erscheint. Ausgestattet sind sie entweder als Mannschaftstransporter oder als Kampfwagen, mit einem Maschinengewehr auf dem Dach oder einem Mark-19-Granatwerfer. Der Name *Humvee* kommt von dem unaussprechlichen militärisch-technischen Kürzel HMMWV, dieses steht für »high-mobility multipurpose wheeled vehicle«. Bemannt sind die *Humvee* auf dem Flugfeld von Mogadischu mit Einheiten der *D-Boys*, Rangers und Seals, Elitetruppen der amerikanischen Marine. Seals steht für »sea, air & land«, das Team 6 war der Task Force in Somalia zugeordnet.

Um 15.32 Uhr endlich setzt *Blackhawk*-Chefpilot Michael Durant den Funkspruch ab, auf den alle warten: »F'in Irene.« Die Rotorblätter der Hubschrauber schlagen die Luft, die Maschinen heben in einer Staubwolke ab, sie nehmen Kurs über die Dünen und fliegen tief über die weißen Brecher des Indischen Ozeans los. Am Strand im Joint Operations Center können die Kommandeure alles an Bildschirmen mitverfolgen. Ein Aufklärer vom Typ P-3 Orion kreist langsam und hoch über Mogadischu. Die Propellermaschine ist voll gespickt mit Elektronik, darunter mit Videokameras, und wird durch einen tiefer fliegenden *Blackhawk*-Helikopter mit ähnlicher Ausrüstung unterstützt. Nichts soll dem Zufall überlassen werden.

Pünktlich um 15.33 Uhr erreichen die *Delta Force*-Einheiten das Zielgebiet. Die *Little Bird*s landen, die *D-Boys* stürmen das Haus und nehmen 24 Mitglieder der Habirgedir-Klans in Handschellen fest. Derweilen aber bahnt sich draußen die Katastrophe an. Schon beim Abseilen geraten die Rangers unter Feuer. Von jedem Flachdach, aus jeder Ritze der zerstörten Bauten wird auf sie geschossen. Noch Minuten zuvor lieferten Jungen mit ihren Eselskarren Wasser ab und hinterließen im rotorangenen Sand der Nachmittagssonne tiefe Spuren. Dort brennen jetzt schnell aufgebaute Straßenblockaden aus Autoreifen. Von überallher strömen Menschen zusammen, Frauen, Kinder, Alte, aus deren Mitte geschossen wird. Die blutjungen Rangers, die zum Großteil das erste Mal bei einem Einsatz auf Leben und Tod dabei sind, haben sehr klare Anweisung, wann Gebrauch von der Schusswaffe zu machen ist: Sie dürfen nur zurückfeuern, wenn eine Waffe auf sie gerichtet ist. Solche an Schreibtischen erdachten Anweisungen werden in der grausamen Realität Mogadischus Makulatur. Die schlaksigen Milizionäre der Gegenseite, bewaffnet mit einfachen AK-47-Maschinengewehren sowjetischer Bauart, haben sich bei Konfrontationen mit amerikanischen oder anderen Truppenteilen während des Somaliaeinsatzes der Vereinten Nationen immer hinter einer lebenden Menschenwand verschanzt.

Zwei unterschiedliche Zeitalter und diametral entgegengesetzte Gesellschaftsnormen stoßen hier aufeinander. Im Kugelhagel gefangen, erwidern die Rangers das Feuer. Inzwischen gibt es Verletzte und erste Tote auf beiden Seiten. Die amerikanische Einsatzleitung vor den Bildschirmen traut ihren Augen nicht. Operation »Irene«, im Minutentakt exakt geplant, wird zum Albtraum. Der P-3-Orion-Aufklärer muss ewige zehn Stunden bis zu den frühen Morgenstunden des nächsten Tages über dem Kampfgebiet kreisen. Denn längst hat in der Hawlwadigstraße und Umgebung nicht mehr der Rücktransport der Gefangenen zum US-Hauptquartier Priorität, sondern das eigene Überleben und der Abtransport der schwer verletzten US-Soldaten.

Die Weltmacht USA, die Stärke beweisen wollte gegenüber dem mörderischen Terror bewaffneter Banden, geriet in der Hölle von Mogadischu in eine verzweifelte Abwehrschlacht. Die besten Waffen und das modernste Gerät schrecken keine Kämpfer ab, die bereit sind, zu sterben und ihre Familien zu opfern. Nach endlosen Minuten geschah am 3. Oktober 1993 in Mogadischu dann das Unvorstellbare: Der erste amerikanische *Blackhawk*, mit Pilot Cliff Wolcott am Steuerknüppel, wurde nur wenige Häuserblöcke nördlich des Zielobjektes abgeschossen. Irgendwoher hatten die Somali der Aidid-Fraktion so genannte RPGs bekommen, »rocket-propelled grenades«, raketenähnliche Granatwerfer sowjetischer Bauart. Diese werden von der Schulter aus abgefeuert. Schon der Vietkong setzte diese Geschosse während des Vietnamkrieges ein, dann afghanische Freischärler.

Wenig später wurde auch der *Blackhawk* von Michael Durant von einer RPG getroffen und stürzte südlich der National Street auf die Hawlwadigstraße. Pilot Michael Durant wurde als Geisel genommen. Operation »Irene« endete in einem Fiasko: 18 amerikanische Soldaten wurden getötet, mehr als 80 verletzt. Auf somalischer Seite sollen während der Kämpfe und anschließenden Suche nach vermissten Amerikanern noch in der Nacht mehr als 500 Menschen getötet worden sein.

Am nächsten Tag konnte die ganze Welt auf Video den gefangen genommenen und sichtlich verletzten Piloten Michael Durant Sätze aufsagen hören wie: »Das Töten von unschuldigen Menschen ist nicht gut.« Zu sehen waren auch Fernsehbilder, die zeigten, wie aufgebrachte Menschenmengen die Leichen gefallener amerikanischer Soldaten an den Füßen durch den Staub Mogadischus zerrten. Die Weltmacht USA und die Vereinten Nationen waren trotz ihrer waffenstarren Potenz vom Terror auf die Knie gezwungen worden. Kofi Annan, der spätere UN-Generalsekretär, damals Chef der UN-Friedensmissionen, erklärte: »Wir werden keinerlei Austausch akzeptieren.« Die somalische Miliz von Mohammed Farah Aidid hatte einen Gefangenenaustausch angeboten. US-Präsident Bill Clinton schwor Rache – und kündigte angesichts der Umfrageergebnisse, bei denen 64 Prozent der Amerikaner sich gegen einen weiteren Verbleib ihrer Truppen am Horn von Afrika aussprachen, zugleich den »ehrenvollen Rückzug« aus Somalia an.

Amerika und die Welt in Gestalt der Vereinten Nationen waren erst knapp ein Jahr zuvor in das ostafrikanische Land gekommen. Sie wollten dem Hunger, dem Bürgerkrieg, Chaos und der Anarchie dort ein Ende setzen. Aber der Terror in Somalia wehrte sich gegen die Einmischung. Letztlich mit Erfolg. 1994 zogen sich die USA und ihre europäischen Verbündeten – darunter auch die Deutschen – aus Somalia wieder zurück. Die übrig gebliebenen UN-Blauhelme aus Ländern der Dritten Welt wie Pakistan, Simbabwe oder Bangladesch mussten noch bis Anfang 1995 warten. Dann durften auch sie sich aus »dem Land des Terrors« in Sicherheit bringen. Somalia verschwand wieder aus den Nachrichten und von den Bildschirmen. Doch schon damals gingen mehrere westliche Geheimdienste Hinweisen nach, dass bei den Ereignissen des 3. Oktober 1993 in Somalia das islamisch-fundamentalistische Terrornetzwerk al-Kaida von Osama bin Laden hinter den Kulissen die Fäden gezogen haben könnte.

Nach dem 11. September 2001, den Anschlägen mit entführten Verkehrsmaschinen auf die New Yorker Twin Towers und das Pentagon in Washington mit insgesamt mehr als 3.000 Toten, ist Somalia wieder auf die internationale Fahndungsliste geraten. In Mogadischu demonstrierten gleich nach den Anschlägen aufgebrachte Menschen gegen die USA. Dabei trugen junge Männer stolz das Bild von Osama bin Laden durch die Straßen der immer noch zerstörten Hauptstadt. Poster des vom Westen gesuchten Terrorchefs gab es an jeder Ecke billig zu kaufen. Mit Lautsprecherwagen wurden die Menschen nach dem Freitagsgebet zu einer Massenkundgebung ins Sportstadion gerufen. Der Aufruf war klar formuliert: Die USA nutzten bin Laden, um alle Muslime anzugreifen, so, wie sie das afghanische Volk zerstören wollten. Auf Flugblättern war der international gesuchte Saudi Osama bin Laden mit einer Kalaschnikow abgebildet, darunter stand: »Bin Laden, Held des Islam«.

Somalia ist ein Land ohne Staat, seit dem Sturz der Diktatur 1991 regieren dort Chaos und Anarchie. Die Instabilität am Horn von Afrika konnte auch der massive humanitäre und militärische Einsatz der Vereinten Nationen von 1992 bis 1995 nicht beenden. Wieder sich selbst überlassen, degenerierte das muslimische Somalia, zerfallen in seine Einzelteile, offenbar zur Brutstätte, Rückzugsgebiet und Trainingslager und Spielwiese des internationalen Terrors fundamentalistisch-islamischer Machart. Kein anderer als Osama bin Laden selbst behauptet dies und wirft damit seine Schatten über Somalia.

In einem seiner seltenen Gespräche mit einem westlichen Reporter sagte der aus Saudi-Arabien stammende Osama bin Laden 1997 dem Briten Robert Fisk, Nahostkorrespondent der Londoner Zeitung *Independent*, einige seiner Mudschaheddin, die in Afghanistan gekämpft hätten, hätten auch an Operationen gegen die Amerikaner in Somalia teilgenommen. Sie seien überrascht gewesen, wie schnell die Amerikaner aufgegeben hätten. »Die Mudschaheddin waren erstaunt über den Zusammenbruch der amerikanischen Moral. Das hat uns überzeugt davon, dass Amerika ein Papiertiger ist.« Es gab also schon damals militärische Verbindungen zwischen dem Terrornetzwerk in Afghanistan und zumindest den Aidid-Anhängern in Somalia, die gegen das amerikanische Engagement während der missglückten UN-Mission im Land des Hungers kämpften.

Dies war auch der frühestmögliche Zeitpunkt. Denn al-Kaida, »die Basis«, wurde erst um 1989 in Afghanistan gegründet. Die Organisation gilt als zentrale Schalt-, Verbindungs- und Finanzstelle im terroristischen Netzwerk bin Ladens. Al-Kaida und ihre Schwesterorganisationen verfügen nach Schätzungen westlicher Geheimdienste über bis zu 5.000 Mitglieder. Gründungsmitglieder der al-Kaida waren vor allem »arabische Afghanen«, eine Bezeichnung für muslimische Kämpfer aus dem Nahen Osten, die den Mudschaheddin, den Gotteskriegern, in Afghanistan in den 1980er-Jahren bei ihrem Kampf gegen die sowjetische Besatzungsmacht geholfen hatten. Auch Somali sollen dabei gewesen sein.

Bin Laden hat nach diesen Erkenntnissen seine Kämpfer in eigenen Trainingscamps ausgebildet. Aus dieser Zeit stammt auch die enge Beziehung bin Ladens zu den radikal-islamischen Taliban in Afghanistan. Als Osama bin Laden 1998 die »Internationale Islamische Front für den Heiligen Krieg gegen Juden und Kreuzritter« ausrief, bezeichnete er es als Pflicht aller Muslime, Amerikaner und ihre Verbündeten überall auf der Welt zu töten. Die Terroraktivitäten von al-Kaida gibt es nach Erkenntnissen der amerikanischen Geheimdienste seit etwa 1992. Sie richteten sich zunächst gegen US-Streitkräfte in Saudi-Arabien, Jemen – und Somalia. Auch die Bombenanschläge vom August 1998 auf die US-Botschaften in Nairobi und Daressalam sollen von al-Kaida organisiert worden sein – von Somalia aus. Dann kam der 11. September 2001 mit den brutalen Entführungen der Passagiermaschinen und den Selbstmordanschlägen auf New York und Washington.

Immer wieder erwähnt Osama bin Laden von sich aus Somalia. In einem seiner Videos, die der arabischsprachige Nachrichtensender Al-Jazeera im Dezember 2001 in voller Länge ausstrahlte, rechtfertigte Osama bin Laden noch einmal die Anschläge vom 11. September ausdrücklich damit, sie seien »eine gerechte Antwort auf das, was unseren Kindern in Palästina, im Irak, in Somalia, im Südsudan und in Kaschmir angetan wird«. Das Land am Horn von Afrika scheint immer Teil des weltweiten Kampfes der islamischen Terroristen um Osama bin Laden zu sein.

In ihrem »Krieg gegen den Terror« richtete sich die amerikanische Wut zunächst gegen Afghanistan. Dort war die staatliche Macht der Taliban ein festes Bündnis mit dem Terror Osama bin Ladens eingegangen. Doch schnell kam auch Somalia in den Fokus des Anti-Terror-Feldzuges »Endure Freedom«, den Frieden sichern. US-Präsident George W. Bush jun. fror als Erstes die Auslandsguthaben einer somalischen Bank ein, der er Verbindungen zum al-Kaida-Netzwerk vorwarf. Sie würde vor allem Geldwäsche für das Terrornetzwerk betreiben. Dann bezeichnete die Sicherheitsberaterin des amerikanischen Präsidenten, Condoleeza Rice, Somalia als »gutes Versteck« für Terroristen und leistete damit den längst kursierenden Gerüchten Vorschub, eine amerikanische oder internationale Militäraktion am Horn von Afrika stehe bevor.

Ähnliches war aus Nato-Kreisen in Brüssel zu hören. Es sei keine Frage ob, sondern nur wann und wo in Somalia interveniert werde. Was zunächst als diplomatische Quelle zitiert wurde, kam von niemand anderem als dem deutschen Verteidigungsminister Rudolf Scharping. Von der deutschen Opposition wurde er für dieses Vorpreschen ungewöhnlich stark attackiert. Bundeskanzler Gerhard Schröder glättete die Äußerungen seines Verteidigungsministers diplomatisch. Aber die Absicht, etwas in Somalia zu unternehmen, ließ sich aus vielen Zitaten herleiten. So sagte noch Anfang Dezember der für Afrika zuständige Staatssekretär im amerikanischen Außenministerium, Walter Kansteiner, bei einem Zwischenstopp in der kenianischen Hauptstadt Nairobi, Somalia sei »ein Ort, wo Terrorzellen eine Art gemütliches Umfeld finden könnten«.

Selbst aus Somalia kamen ähnliche Warnungen aus sich sonst eher nicht freundlich gesinnten Lagern. Das Land mit seinem Fleckenteppich an Einflusszonen könnte zum Rückzugsgebiet und neuen Zentrum des islamischen Terrors werden, wenn sich dieser aus Afghanistan zurückziehen müsse. Im Norden Somalias machte sich der Präsident der international nicht anerkannten Republik Somaliland, Ibrahim Egal, für eine amerikanische Intervention stark und bot gleich noch von der Sowjetunion in den 1970er-Jahren gebaute überlange Landebahnen an. Aus Äthiopien meldete sich Hussein Aidid, der Sohn und Nachfolger des Kriegsherrn Mohammed Farah Aidid, dem immer eine enge Koalition mit fundamentalistischen Islamorganisationen in Somalia nachgesagt wurde. Hussein Aidid wusste, dass bereits »Hunderte von al-Kaida-Kämpfern« in Somalia Zuflucht gefunden hätten und noch viele auf dem Weg dorthin seien.

Seit November verdichteten sich die Hinweise auf einen unmittelbar bevorstehenden amerikanischen Militärschlag gegen mögliche Trainingscamps der al-Kaida-Organisation in Somalia. Die U.S. Navy kontrollierte die 3.000 Kilometer lange Küste am Indischen Ozean und am Golf von Aden. Britische Flottenverbände, darunter ein Flugzeugträger und ein U-Boot, machten über Weihnachten im benachbarten Kenia im Hafen von Mombasa fest. Der britische Verteidigungsminister Geoff Hoon hatte bereits Mitte Dezember vom kenianischen Präsidenten Daniel arap Moi die Zusage erhalten, das ostafrikanische Nachbarland Somalias nötigenfalls als Stützpunkt für den internationalen Kampf gegen den Terrorismus zu nutzen.

Im internationalen Kampf gegen den Terror wollten auch die Deutschen nicht fehlen. Zu Anfang des Jahres 2002 liefen Kriegsschiffe der Bundesmarine aus Wilhelmshaven und aus dem Mittelmeer aus. Offizieller Auftrag: die Überwachung des Golfs von Aden, Sicherung der Seewege und das Aufbringen möglicher Terrortransporte mit Taliban- oder al-Kaida-Mitgliedern, die versuchen, über das Meer zu flüchten. Teil des Verbandes waren die Fregatten *Emden* und *Köln,* sie gehören der 122-Klasse an. Zum Tross gehörten auch der Versorger *Freiburg*, der Tanker *Spessart* sowie der Tender *Main* und *Donau*. Ihr Kurs führte auf den Suezkanal und das Rote Meer. Vor Kreta sollte noch eines der modernsten Schiffe der Bundesmarine zu dem Verband stoßen: die Fregatte *Bayern* der Klasse 123. Einsatzzentrale während des ersten Kampfeinsatzes der Bundesmarine nach dem Zweiten Weltkrieg ist der Bunker des Glücksburger Flottenkommandos. Das Verteidigungsministerium spielte den Einsatz zunächst herunter. Aber der Einsatz könnte gefährlich werden. Wie die Zeitung *Die Welt* erfuhr, ist die Marine bei der Jagd auf Terroristen ermächtigt worden, scharf zu schießen. »Gezielte Schüsse aus Bordwaffen der Kampfschiffe sind nicht auszuschließen«, teilte ein hoher Marineoffizier der Zeitung mit.

Vor den Küsten von Somalia, Jemen und dem Sudan wurde der Verband dringend erwartet. Nach dem erfolgreichen Bombardement von Afghanistan sollte das muslimische Somalia in Afrika nicht neuer Stützpunkt des weltweit operierenden Terrornetzwerks werden. Die in die Enge getriebene Führungsclique der al-Kaida sollte gewarnt sein, dass sie nach einem möglichen Rückzug nirgendwo eine sichere Bleibe finden werde, auch in Somalia würden sie gejagt werden.

Jahrelang war es ruhig gewesen um Somalia, kaum eine Meldung in den internationalen Nachrichtensendungen oder Artikel in den internationalen Zeitungen. Plötzlich aber war das Land am Horn von Afrika wieder auferstanden als der Hort des Terrors, der gewalttätigen Klans und der Anarchie. Im vergangenen Jahrzehnt hatte Somalia alles gegeben, dieses schaurige Bild von sich als Brutstätte des Bösen zu malen. Seit 1991 existiert keine Regierung mehr in dem Land. Marodierende Banden nutzen das Machtvakuum, bekämpfen sich gegenseitig, haben die Vereinten Nationen, die 1992 gekommen waren, um die Menschen Somalias vor dem Hungertod zu retten, wieder vertrieben. Chaos, Anarchie, Gewalt, Instabilität – Somalia hat von allem zu viel.

Hinzu kommt noch, dass Somalia ein muslimisches Land ist. Da passt alles zusammen: der globale Terror der al-Kaida, das Bandenwesen, der Überfluss an Waffen und Killern, der Mangel an Kontrolle. Somalia macht Angst.

Somalia aber kann sich auch nicht wehren gegen dieses festgefügte Urteil. Ist es Opfer oder Täter? War Somalia immer schon so: anarchisch, islamisch-fundamentalistisch, gewaltbereit, ohne Staat in den festen Händen der Klans – oder warum und wie ist es dazu gekommen, dass es heute als Sinnbild des Terrors und des Chaos in Afrika und in der Welt gilt? Somalia hat eine mehr als 2.000 Jahre alte Geschichte, die Einflüsse auf das Horn pendelten immer zwischen Arabien und Afrika hin und her. Auf dem Boden von Somalia gab es große mittelalterliche Reiche. Jahrhundertelang herrschte Frieden, doch später dann wurden vernichtende Kriege mit dem christlichen Nachbarn Äthiopien geführt. Die Menschen dieses Landes prägten als kamelzüchtende Nomaden ihren ganz eigenen Islam, kamen unter den Einfluss arabisch-türkischer Reiche, schließlich der europäischen Kolonisatoren (Kapitel 2).

Um Somalia heute zu verstehen, muss man sich auf seine Geschichte einlassen und sich die schwere Geburt der Unabhängigkeit vergegenwärtigen, als Rumpfsomalia 1960 entstand. Der demokratische Anlauf wurde durch einen Militärputsch 1969 zunichte gemacht. 20 Jahre lang herrschte in Mogadischu ein Diktator. Siad Barre suchte sein Heil erst als Alliierter Moskaus, dann, nach verlorenem Krieg gegen Äthiopien, wechselte er die Betten und hielt es fortan mit dem Westen und den USA. Aus dem muslimischen Sozialisten wurde ein Marktwirtschaftler, aber Siad Barre blieb vor allem Diktator, und zwar einer der grausamsten in Afrika. Er führte Krieg gegen sein eigenes Volk – und verlor (Kapitel 3 und 4).

Siad Barres Sturz folgten die Hungerkatastrophe und der Bürgerkrieg, die die Vereinten Nationen veranlassten, in

Somalia einzugreifen. All das sowie das Misslingen der humanitären Militärintervention von 1992 bis 1995 bildet die Vorgeschichte, ohne die man den Terror im Somalia von heute nicht verstehen kann (Kapitel 5 und 6). Der Boden für Extremisten ist lange vorbereitet worden. Und auch die Querverbindungen zwischen dem Terrornetzwerk al-Kaida und Somalia sind stetig gewachsen (Kapitel 7 und 8). Die Welt sollte spätestens seit den Bombenanschlägen auf die amerikanischen Botschaften im kenianischen Nairobi und im tansanischen Daressalam 1998 davon wissen, denn sie sind aktenkundig und Teil der Beweisführung amerikanischer Anklagen gegen gefasste Attentäter vor Gericht.

Am Morgen des 7. August 1998 detonierten innerhalb weniger Minuten in Ostafrika zwei Bomben. Die US-Botschaft in Daressalam wurde beschädigt. In Kenias Hauptstadt Nairobi dagegen löste die Bombe in der lebhaften Innenstadt ein Inferno aus. Mehr als 220 Menschen, darunter zwölf Amerikaner, starben, über 4500 Personen wurden verletzt, Hunderte von Kenianern wurden durch Glassplitter blind. Als Drahtzieher der Anschläge machten die USA sofort den saudischen Exilanten Osama bin Laden aus. Der hatte erst im Februar desselben Jahres eine *Fatwa,* eine religiöse Order, gezeichnet, Muslime sollten Amerikaner jederzeit und überall töten.

»Es wird für Terroristen keine Rückzugsgebiete geben. Wir werden unser Volk, unsere Interessen und unsere Werte verteidigen«, warnte der amerikanische Präsident damals den weltweiten Terror. Auch wenn diese Worte an die Reden des Republikaners George W. Bush nach dem 11. September erinnern: Der Präsident der USA hieß damals Bill Clinton. Zwei Wochen nach den Bombenattentaten auf die US-Botschaften in Ostafrika feuerten amerikanische Kriegsschiffe als Vergeltung Cruise-Missiles auf Trainingscamps der al-Kaida in Afghanistan und eine an-

21

gebliche Fabrik für chemische Gifte im Sudan. Von Somalia war zunächst keine Rede.

Dann begann der erste Prozess in den USA gegen vier mutmaßliche Mitglieder der al-Kaida-Organisation von Osama bin Laden, die an den Bombenanschlägen beteiligt gewesen sein sollen. Als Zeuge der Anklage sagte unter anderem US-Pilot James Yacone in New York aus. Er hatte im Oktober 1993 einen der *Blackhawk*s in Mogadischu geflogen. Nach seinen Worten wurden damals »Hunderte« jener raketengetriebenen Granaten, so genannten RPGs, auf die amerikanischen Kommandotruppen abgefeuert. »Wir erhielten Feindfeuer von dem Moment an, als die Aktion begann.« Keiner hätte mit dieser Feuerkraft gerechnet. Zwei Helikopter seien abgeschossen worden, zwei weitere, darunter sein eigener, hätten nach Treffern notlanden müssen.

Die somalischen Milizionäre hätten die RPGs so professionell abgeschossen, dass die Granaten in der Luft detoniert und ihre Splitter in alle Himmelsrichtungen explodiert seien, um den größtmöglichen Schaden an den Hubschraubern anzurichten. »Um so exakt damit umzugehen, braucht man wohl schon einiges an Ausbildung«, sagte Pilot Yacone aus. Geheimdienstleute hätten ihm und seinen Kollegen damals erzählt, sie hätten während der Gefechte Funksprüche der Gegenseite an die somalischen Kämpfer in Arabisch aufgefangen und daraus gefolgert, dass es möglicherweise Hintermänner gebe, die Aidids Truppen ausbildeten.

Freilich sprechen auch viele Somali fließend Arabisch. Einer der Angeklagten, der 36 Jahre alte Jordanier Odeh, wurde für seine Beteiligung am Bombenanschlag in Nairobi im Oktober 2001 zu lebenslanger Haft verurteilt. Er gehörte zu den sieben namentlich bekannten al-Kaida-Mitgliedern, denen unter anderem vorgeworfen wird, 1993 somalische Milizionäre für ihren Kampf gegen die USA und die UN-Truppen ausgebildet zu haben. Keiner der vier Angeklagten in New York – der Jordanier, ein Saudi, ein Tansanier und ein Amerikaner libanesischer Abstammung – machte während des Prozesses eine Aussage zur Sache. Aber nach der Urteilsverkündung erklärte Jordanier Odeh laut und deutlich auf Arabisch: »Wir gehören Allah und werden zu ihm zurückkehren.«

Inzwischen hatten die Ereignisse des 11. September die Welt verändert und der »Krieg gegen den Terror« war bereits in vollem Gange. Kurz nach der Urteilsverkündung gegen die Attentäter von Nairobi und Daressalam bombardierte die amerikanische Luftwaffe Gebiete südlich der afghanischen Hauptstadt Kabul. Nur Tage später erklärte US-Verteidigungsminister Donald Rumsfeld, er habe »glaubwürdige Berichte« erhalten, dass bei den Angriffen unter anderem bin Ladens Militärstratege Mohammed Atef getötet worden sei. Nach Angaben eines Pentagon-Sprechers seien nach dem Luftangriff entsprechende Funksprüche abgehört worden. Atef galt als möglicher Nachfolger Osama bin Ladens, seine Tochter ist mit einem der Söhne bin Ladens verheiratet. Atefs Spitzname ist »al Chabir«, was so viel heißt wie »der große Kerl«. Der große Ägypter soll irgendwann Ende der 1980er-Jahre nach Afghanistan gegangen sein und dort bin Laden kennen gelernt haben. Auch ihm wird vorgeworfen, an den Bombenanschlägen 1998 in Nairobi und Tansania beteiligt gewesen zu sein. Und Atef soll 1993 auch die militärische Ausbildung und Lieferung von Waffen an die gegen die amerikanischen Einsatztruppen kämpfenden somalischen Milizen organisiert haben.

Osama bin Ladens Spuren führen immer wieder nach Somalia; das Land am Horn von Afrika kann sich seinem Schatten nicht entziehen. Auch der somalische Scheich Ahmet Nur Dschimale soll ein Verbündeter des inzwischen meistgesuchten internationalen Terroristen sein. Dschimale ist der Präsident der Barakaat-Bank – oder besser gesagt: dem somalischen Finanz- und Geschäftssystem Barakaat. Auf Anweisung des amerikanischen Präsidenten wurden im Dezember 2001 fast eine Million US-Dollar Guthaben der Barakaat-Bank in den Vereinigten Staaten eingefroren und einige der Bankvertreter unter dem Vorwurf illegaler Finanztransaktionen festgenommen. Über Nacht versiegte der private Geldstrom aus den USA nach Somalia. Die amerikanische Telefongesellschaft AT&T unterbrach ihre Satellitenverbindungen von und nach Somalia, diese liefen über eine Telefon-Tochtergesellschaft der Barakaat-Bank.

Nur Tage später gab es zunächst unbestätigte Berichte, in einigen Gebieten Somalias, die der al-Kaida nahe stünden, seien Kämpfe ausgebrochen. In diesen Regionen des Landes, das seit 1991 keine zentrale Staatsgewalt hat, ist die somalische Islamistengruppe al-Ittihad al-Islami aktiv. Al-Ittihad al-Islami heißt so viel wie »Die Einheit des Islam«. Die gleichnamige somalische Organisation steht ebenfalls auf der Terrorliste des amerikanischen Außenministeriums. Sie entstand am Ende der Diktatur von Siad Barre in Somalia als Organisation somalischer Kriegsvertriebener und ihrer religiösen Führer. Beteiligt waren auch arabische Händler, die soziale Einrichtungen unterhielten. Al-Ittihad al-Islami gilt als islamisch-fundamentalistische Gruppe, seit 1991 soll sie einen militärischen Flügel unterhalten. Sie gibt als einzige der somalischen Splittergruppen noch als Ziel die Vereinigung von Großsomalia an: ein im Zeichen des Islam vereinigtes Großreich aus den ehemaligen Kolonialgebieten des britischen und italienischen Somalilandes, des früher französischen Dschibuti und der von Äthiopien annektierten sowie von Kenia noch unter den Briten einverleibten Landesteile.

Al-Ittihad war seit ihrer Gründung Verbündeter der Klanmilizen unter Führung von *warlord* Mohammed Farah Aidid. Während der Wirren des Jahres 1992 kontrollierte die extreme Islamistengruppe vorübergehend die Hafenstadt Bosasso im Nordosten Somalias, später über Jahre hinweg den strategisch wichtigen Hafen Merka. Wegen ihres großsomalischen Anspruchs unterstützte »Die Einheit des Islam« auch islamisch-fundamentalistische Rebellengruppen in somalisch besiedelten Gebieten Äthiopiens. Die Regierung in Addis Abeba machte die somalische Islamistenorganisation für Bombenanschläge in der äthiopischen Hauptstadt und in Dire Dawa verantwortlich.

Deshalb vertrieben äthiopische Einheiten in einer grenzüberschreitenden Militäraktion 1996 al-Ittihad aus ihrem größten Militärstützpunkt Lug nahe der äthiopischen Grenze. Aus Lug gab es auch Berichte, dass Osama bin Ladens al-Kaida-Netzwerk dort Trainingscamps für somalische und ausländische Islamistenkämpfer finanziere.

Aus Lug musste sich al-Ittihad zurückziehen. Aber Somalia ist groß und unübersichtlich. Die Organisation machte sich im kaum zu kontrollierenden Dreiländereck Somalia-Äthiopien-Kenia breit und soll auch einen Hafen in Südsomalia sowie einen zweiten in der 1998 ausgerufenen Republik Puntland im Nordosten kontrollieren. Gerade die Kontrolle der Häfen bereitete den USA Kopfschmerzen. Sie fürchteten, auf ihrer Flucht aus Afghanistan könnten al-Kaida-Mitglieder dort unbemerkt landen und in Somalia Unterschlupf finden. Denn al-Ittihad steht, auch wenn dies offiziell gerne geleugnet wird, der international anerkannten Übergangsregierung Somalias unter Präsident Abdulkassim Salat Hassan recht nahe.

Als Salat Hassan sein Amt im Sommer 2000 antrat, übergab al-Ittihad der neuen Regierung, die vor allem aus arabischen Ländern finanziert wird, die von ihr aufgebauten islamischen Scharia-Gerichte in Mogadischu. Somalias Übergangspräsident wird von den meisten Milizführern nicht anerkannt. Von ihm ist aber unter anderem bekannt, dass er von Geschäftsleuten unterstützt wird, die zumindest früher mit al-Ittihad verbündet waren. Auch die »Polizeitruppe« seiner provisorischen Regierung soll sich zu großen Teilen aus ehemaligen Kämpfern der islamischen Milizen rekrutiert haben.

Dies brachte der Übergangsregierung den zweifelhaften Ruf ein, mit Helfershelfern des Terrorismus zusammenzuarbeiten. Schon allein um dieser Vermutung etwas entgegenzuhalten, nahm die »Polizei« der somalischen Übergangsregierung im Dezember sieben mutmaßliche Terroristen fest. Dies bestätigte Ministerpräsident Hassan Abschir Farah aus der Hauptstadt Mogadischu. Demnach nahm »eine spezielle Antiterrortruppe« fünf Iraker, einen Palästinenser und einen Kurden in Gewahrsam. Die Männer seien zwischen 25 und 40 Jahre alt. Sie würden verdächtigt, in Verbindung zum al-Kaida-Netzwerk von Osama bin Laden zu stehen. Die Meldung schickte auch die Deutsche Presse-Agentur am Nachmittag des 22. Dezember 2001 auf den Draht.

Die Spuren des Terrors führen immer wieder nach Somalia. Zu Anfang des Jahres 2002 intensivierten die USA und ihre Alliierten die Aufklärungsflüge über Somalia. Daran sind neben amerikanischen Maschinen auch britische und französische Flugzeuge beteiligt. Wie es aus Regierungskreisen in Washington hieß, sollen damit Ziele für mögliche Bombardierungen von Terroristenlagern ausfindig gemacht werden. Der amerikanische Geheimdienst habe Erkenntnisse, dass Terroristen in den vergangenen Monaten Waffen aus Afghanistan nach Somalia verlagert hätten. Zudem seien etwa 100 Terroristen des al-Kaida-Netzwerks in Somalia entdeckt worden.

Damit sind die Zusammenhänge zwischen Somalia und dem Terrorismus erst angerissen, die weiter hinten vor dem Hintergrund der Landesgeschichte – vor allem des letzten Jahrzehnts – noch genauer ausgeleuchtet werden. Aber hier wird bereits für die Zukunft klar: So schnell kommt Somalia nicht zur Ruhe.

2. Myrrhe, Klans und der verrückte Mullah

Somalia, ein Land ohne Entwicklung, geschichtslos, gefangen in der Spirale der Selbstzerstörung. Dieses Urteil hat sich in den Köpfen festgesetzt. Denn was kennen wir von Somalia? Die Hunger- und Naturkatastrophen der vergangenen Jahrzehnte, ob Dürre durch die sengende Sonne oder Überschwemmungen durch maßlosen Regen. Dann den scheinbar immer währenden Bürgerkrieg mit kaum mehr zu durchschauenden Allianzen zwischen austauschbaren Kriegsherren und Klanführern. Oder schlicht die Gewalt, verursacht durch nicht kontrollierbare Räuberbanden. All dies erweckt die Gewissheit, dass der Landzipfel im Nordosten Afrikas nie andere Zeiten hat erleben können.

Das Chaos als Ordnungsprinzip, Somalia als Fiktion auf der Landkarte, unser Vorurteil wird ständig gefüttert durch neue Hiobsbotschaften vom Horn Afrikas. Mal ist es eine Entführung, dann ein Aufruf irgendeiner Hilfsorganisation, hungernden Menschen zu helfen. Oder eine mühsam über Jahre erarbeitete Friedensvereinbarung wird wieder einmal übertreten, die Folge: Gefechte hier, Tote dort. Somalia ist zu einer Heimstatt für den Kreislauf aus Gewalt und Terror geworden. Es gibt dort keinen Staat, keine Ordnung. Kein Wunder, dass Nachbarländer wie Äthiopien oder Kenia Truppen in dieses Chaos schicken, um Rebellen zu beseitigen, die sonst diese Unruhe über die Grenze schmuggeln. Oder dass die Nachbarn ihre Grenzen schließen und ihre Luftwaffe Nachschubwege des tödlichen Waffenhandels bombardieren lassen. Verständlich auch, dass die internationale und weltweite Kampagne wider den Terror nach ihrem Feldzug in Afghanistan auch auf Somalia zielt, um das Chaos einzudämmen und zu verhindern, dass hier ein Rückzugsraum für muslimisch-fundamentalistische Terroristen oder gar ein neues Zentrum internationaler Bedrohung entsteht.

Doch Somalia ist kein Zustand, das Gebiet am Horn von Afrika und seine Menschen haben eine Geschichte. Ohne sich auf diese Spuren einzulassen, wird man nie verstehen, welche Rolle etwa die Klans spielen auf den 650.000 Quadratkilometern, die Landkarten bis heute als Somalia ausweisen – eine Fläche so groß wie Frankreich und die Beneluxstaaten zusammen. Oder warum Städte wie Mogadischu, Kismaio, Bosasso, Baidoa, Hargeisa so wichtig sind in einem Land, dessen meist flaches und nur durch karge, garstige Hügelketten durchbrochenes Trockengebiet vor allem von Nomaden bewohnt wird, die Kamele, Schafe und Ziegen züchten. Gab es dort jemals einen Staat mit zentraler Ordnung, mit Gesetzen und einer Staatsgewalt, die allgemein gültigen Normen auch Geltung verschaffen konnte? Wie war das Verhältnis zu den Nachbarn früher? Woher kommen die Somali überhaupt – aus Afrika oder Arabien, dessen Religion, dem Islam, sie fast ausnahmslos angehören und dessen Menschen sie mit ihren klaren Gesichtszügen so viel ähnlicher sind als der Mehrheit der bantustämmigen Afrikaner?

Was für ein Islam war das überhaupt, der die Werte der Ahnen und Vorfahren der Somali prägte und damit die Kultur schuf, die bis heute den Menschen die Richtlinien an die Hand gibt, was gut und was böse ist? Schließlich: Was ist mit dieser »alten Welt« der Somali geschehen, als der weiße Mann Besitz ergriff von der Erdkugel und gleich mehrere Kolonialherren ans Horn von Afrika kamen und später dann der real existierende Sozialismus unter Diktator Siad Barre das Land regierte?

Die ältesten Hinweise auf menschliche Besiedlung am Horn von Afrika datieren bis auf das 2. und 1. Jahrtausend vor Christus zurück. Vor allem durch Handelsbeziehungen mit Altägypten und später dem Römischen Reich wissen wir heute, dass die Region unter anderem Weihrauch, Myrrhe, Elfenbein, Ebenholz und auch Leopardenfelle lieferte. Die alten Ägypter gaben dem Land der Myrrhe am Horn von Afrika den Namen Punt, »Gottes Land«. Auf diesen Mythos bezogen sich – zumindest bei der Namensgebung – noch die Gründer der so genannten Republik Puntland im Jahr 1998. Später dann, bis zum 7. Jahrhundert nach Christus, herrschte das altäthiopische, semitische Königreich Aksum über Teile des späteren Somalia.

Dann aber begann die Expansion Arabiens und des Islam. In die Region des heutigen Somalia wanderten von der arabischen Halbinsel die Ostkuschiten ein und gründeten muslimische Stadtstaaten wie Seilak, Adal, Ifat und Hadscha. Entlang der Küste gab es bereits arabische und auch persische Händler. Diese vermischten sich mit den neuen Einwanderern und begannen, an der Nordküste Somalias eine eigene Kultur herauszubilden.

Ähnlich entwickelte sich das zweite Subzentrum Somalias, die so genannte Benadir-Region an der Küste des Indischen Ozeans. Zwar liegen Ursprung und Gründungsgeschichte Mogadischus, der späteren Hauptstadt Somalias, im Dunkeln. Aber es muss rund um die erste Jahrtausendwende gewesen sein, als das jemenitisch-somalische Ifat-Reich im Norden erstarkte, dass Städte wie Mogadischu ihren festen Platz auf der Landkarte bekamen. Ähnlich wie die Hafenstädte Merka und Barawe wird Mogadischu freilich erst seit dem 14. Jahrhundert von Reisenden als eines der drei urbanen Zentren und eine der wichtigsten Städte am Horn von Afrika erwähnt. Von nun an nahm es in der geschriebenen Geschichte seinen Platz ein als ein Zentrum des Handels und der geistigen Bildung.

Mogadischu war schon damals – also im ausgehenden europäischen Mittelalter – die wohlhabendste und größte der drei Städte der Benadir-Region. Vieles aber deutet darauf hin, dass die Fundamente der Stadt vermutlich bis ins

9. Jahrhundert zurückreichen, als das heutige Somalia Ziel persischer und arabisch-jemenitischer Immigration war. Diese Neuankömmlinge brachten gemeinsam mit den bereits dort lebenden Somali jenes prickelnde und kreative Kulturgemisch hervor, von dem der bekannte arabische Reisende Ibn Batuta nach seiner Ankunft an der somalischen Küste 1331 schrieb: »Makdaschu« sei »eine wirklich große Stadt« mit vielen Händlern, die hervorragende Kleidung und Stoffe nach Ägypten und anderswohin exportierten. Einige Historiker glauben sogar Belege gefunden zu haben, dass selbst das ferne China in jener Zeit, also dem 10. bis 14. Jahrhundert, Händler an die Küsten Somalias schickten, die mit Giraffen, Leoparden und Schildkröten ins Kaiserreich der Mitte zurückkehrten.

So ungewiss aber das genaue Gründungsdatum Mogadischus ist, so umstritten sind auch Herkunft und Bedeutung seines Stadtnamens. Einige Geschichtsschreiber führen ihn auf die somalische Übersetzung des arabischen Begriffs »Makad Schah« zurück – auf Deutsch: »imperialer Sitz des Schahs«. Daraus leiten sie eine wichtige Rolle der Perser bei der Gründung der Hafenstadt ab. Andere führen die Namensgebung auf eine nachlässige beziehungsweise falsche Aussprache der Swahili-Bezeichnung »mwyu wa« – letzte Stadt im Norden – zurück. Damit stellen sie Mogadischu in direkte Verbindung zu den Stadtgründungen entlang der ostafrikanischen Swahili-Küste, also zu heutigen kenianischen Küstenstädten wie Mombasa oder Malindi. Diese Städte entstanden als Handelsplätze und Niederlassungen einer bunt gemischten Kultur aus Persien, Arabien, Indien und Afrika, einer wirklich multikulturellen Gesellschaft, die später dann noch zusätzlich durchdrungen wurde von portugiesischen und europäischen Einwanderern. Aus diesem Völkergemisch entwickelte sich, schlicht aus der Not zur Verständigung, die bis heute in Ostafrika lebendige Verkehrssprache Swahili.

In Somalia dagegen, das frühe arabische Quellen »das Land der Schwarzen« nennen, zogen die Dhow-Segler die Küste entlang gegen Süden. Im Landesinneren entstand eine ganz eigene Kultur, eine eigene Identität und auch eine ganz eigene Sprache, deren Elemente allesamt stark dem Arabischen entlehnt waren. Denn über die Jahrhunderte hatten die Einwanderer vor allem ihre Religion mitgebracht, den Islam. Der ständige geistige und wirtschaftliche Austausch mit der arabischen Halbinsel intensivierte am Horn von Afrika die Verbindung zum Kulturkreis des Propheten Mohammed und seinen Nachfolgern. Somalische Städte am Golf von Aden wie Seilak, später dann Berbera, waren nicht nur die Hauptstädte großer spätmittelalterlicher Imperien wie des Sultanats Ifat und später Adal. Sie waren zugleich berühmte Zentren der muslimischen Kultur und Lehre sowie Heimstatt anerkannter Religionsschulen und weithin bekannter Moscheen. Als Hafen- und Handelsstädte waren sie fest integriert in das internationale arabische Wirtschaftsleben und lieferten Waffen, Sklaven, Häute, Straußenfedern, Elfenbein und auch *ghee*, eine Art Butter.

Auch an der südlichen Benadir-Region entlang des Indischen Ozeans weitete sich im 15. und 16. Jahrhundert der politische und kulturelle Einfluss der wirtschaftlich florierenden Küstenstädte wie Mogadischu oder Merka immer stärker auf das Hinterland aus. Ein klarer Hinweis dafür sind die Berichte über die zunehmende Islamisierung der Region um Mogadischu herum in dieser Zeit. Aus den Städten, den Zentren der Bildung und Lehre, zogen muslimische Mystiker, die Sufis, über das Land, und siedelten dort unter den Nomaden. Schließlich heirateten sie Frauen aus deren Mitte und lehrten den Islam, der – ähnlich wie das Christentum des frühen Mittelalters in Europa – zur Befriedung der immer wieder aufbrechenden Gewalttätigkeiten unter den Nomadengruppen beitrug. Der Islam also brachte Kultur, Ordnungsprinzipien, Bildung und Werte nach Somalia, die Religion war für die Menschen Sinnstifter und zugleich Anleitung zum sozialen Miteinander.

Überhaupt war der somalische Islam über Jahrhunderte hinweg ein friedlicher Islam und als Religion am Horn wohl auch schon früher etabliert als auf der arabischen Halbinsel selbst. So heißt es der Sage nach, dass noch zu Lebzeiten Mohammeds eine Gruppe verfolgter Muslime auf Anraten des Propheten über das Rote Meer ans Horn von Afrika floh. Dort erhielten sie den Schutz des äthiopischen und christlichen Königs. Allerdings dauerte es bis zum Hochmittelalter (11.–13. Jahrhundert), bis die im heutigen Somalia lebenden Menschen zum Islam konvertierten beziehungsweise auf Geheiß ihrer muslimisch-arabischen Patriarchen zum Islam übertreten mussten. Dieser Schritt war freilich mehr als nur ein Religionswechsel, er veränderte die gesamte Sozialordnung am Horn von Afrika. Denn dies war zugleich die Geburtsstunde der bis zum heutigen Tag erhaltenen und so oft missverstandenen Klanstruktur der Somali.

Einer dieser muslimischen Patriarchen war Scheich Darud Dschabarti. Scheich Darud heiratete Dumbira Dir, die Tochter eines lokalen Herrschers, und begründete damit eine der bis heute mächtigsten und bekanntesten Klanfamilien Somalias: die Darud. Im Norden Somalias war es Scheich Isak, der als Urvater der weit verzweigten Klanfamilie der Isak gilt – um nur zwei der insgesamt sechs somalischen Klanfamilien und ihre sagenumwobenen Ursprünge zu nennen. Bis heute definieren sie jeden Somali. Mit Einführung des Klansystems führten die arabisch-muslimischen Patriarchen offenbar zugleich die für den indoeuropäischen Kulturraum typischen Elemente der männlichen Erbfolge ein. Dies, so vermuten Anthropologen, ersetzte Schritt für Schritt die ursprüngliche somalische Sozialorganisation der matriarchalischen Genealogie, die in vielen afrikanischen Gesellschaften zu finden ist.

Um das somalische Klansystem wird, nicht zuletzt von den Somali selbst, viel geheimnisvolles Gehabe gemacht. Dabei sind Klans nichts anderes als eine größere Gruppe von Menschen, die sich über die männliche Erbschaftslinie auf einen gemeinsamen Urvater definiert. Dessen Name ist zugleich der Name des Klans. Mehrere Klans bilden eine so genannte Klanfamilie und jeder einzelne Klan wiederum ist in eine Vielzahl von Erbschaftslinien oder Unterklans unterteilt. Ihrem Ursprung nach sind Klans keine demokratischen Gliederungen egalitärer Gesellschaften, sondern klar durch Abstammung definierte und hierarchisch organisierte Verbände, in denen Männer ihrem Alter in der Sippschaft entsprechend den Ton angeben.

Die sechs dominierenden somalischen Klanfamilien oder Großklans sind: Darud, Hawiye, Isak, Dir, Digil und Rahanwajn (siehe Grafik auf Seite 35). Bis heute lassen sich jeder Politiker oder Kriegsherr und die Grundzüge seiner Politik in Somalia schnell auf das bestehende Klansystem zurückführen. Diktator Siad Barre zum Beispiel gehörte dem relativ kleinen Klan der Marehan an, der Marehan-Klan ist wiederum Teil der mächtigen Klanfamilie der Darud. Selbst aus einer schwachen Untergruppe stammend, baute Siad Barre also völlig logisch und zwingend seine Regierung als Koalition miteinander nicht völlig verfeindeter Klans und Klanfamilien auf. Die Kriegsherren Mohammed Farah Aidid und Ali Mahdi wiederum, die beiden Widersacher, die zunächst gemeinsam Siad Barre stürzten, gehören der Klanfamilie der Hawije an. Diese kam nie recht mit den Darud im Süden aus und wurde von Siad Barre mehr und mehr aus der Regierung gedrängt. Verständlich also, dass Mitglieder der Hawiye den Marehan-Diktator stürzen wollten. Untereinander aber waren Aidid und Ali Mahdi natürlich recht schnell – wenn nicht sogar von Anfang an – zerstritten, gehörte der eine, Aidid nämlich, doch dem Subklan der Habirgedir im Hinterland an, sein Erzrivale Ali Mahdi dagegen den Abgal an der Küste.

Und, um noch eine schillernde Politikerpersönlichkeit von heute zu nennen, den Präsidenten des heutigen Somalilandes im Norden, Mohammed Hadschi Ibrahim Egal – er stammt aus der Hafenstadt Berbera und dem Subklan des Habarawal, dessen Angehörigen, für einen Nordsomali selbstverständlich, der Klanfamilie der Isak angehören, sich also als Erben der großen mittelalterlichen Somalreiche Ifrat und Adal fühlen.

Aber damit wieder zurück in die Geschichte Somalias und zu der Sage, dass der Prophet Mohammed selbst aus Dankbarkeit für den Schutz seiner Gefolgsleute das christliche Äthiopien gesegnet haben soll. Seinen Anhängern verbot er demnach, jemals gegen das christliche Königreich im Norden den *Dschihad,* den heiligen islamischen Krieg, auszurufen. Jahrhundertelang herrschte tatsächlich Frieden zwischen diesen Religionen und Regionen. Dies ist umso erstaunlicher, als in dieser Zeit muslimische Armeen andere riesige Reiche wie Persien oder Byzanz zerstörten. Doch vielleicht war es gar nicht das sagenumwobene Wort des Propheten, sondern vielmehr die bizarre und nur schwer zu überwindende Berglandschaft Äthiopiens mit ihren klammen Schluchten, steilen Anstiegen und sperrigen Bergmassiven von bis zu 4.500 Metern Höhe, welche die Muslime im Süden vom Versuch abhielt, das gut geschützte christliche Königreich zu erobern.

Der jahrhundertelange Friede Somalias mit seinem nördlichen Nachbarn fand dann allerdings zu Anfang des 15. Jahrhunderts ein jähes Ende – und dies war nicht die Schuld der angeblich so streitsüchtigen Somali. Vielmehr war es der äthiopische König Yeschak, der während seiner Regentschaft als »Negus« von 1414 bis 1429 eine aggressive Expansionspolitik betrieb. Seine Truppen fielen, vom Hochland kommend, zunächst über die muslimischen Sied-

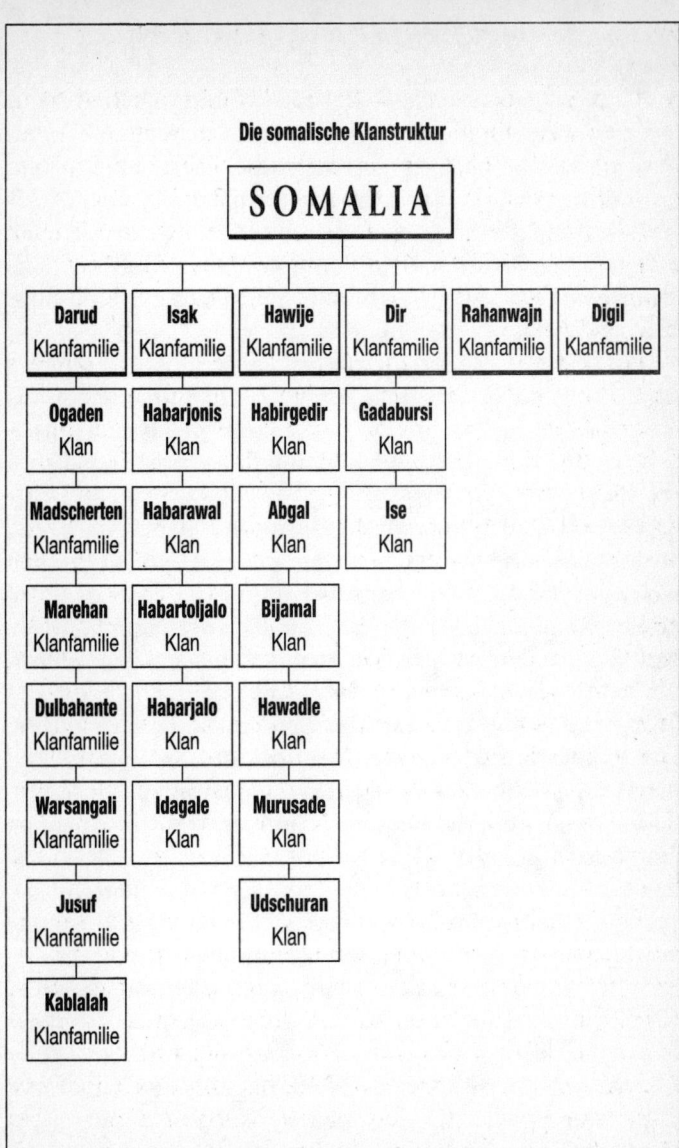

Die somalische Klanstruktur

SOMALIA

Darud Klanfamilie	Isak Klanfamilie	Hawije Klanfamilie	Dir Klanfamilie	Rahanwajn Klanfamilie	Digil Klanfamilie

Ogaden Klan	Habarjonis Klan	Habirgedir Klan	Gadabursi Klan

Madscherten Klanfamilie	Habarawal Klan	Abgal Klan	Ise Klan

Marehan Klanfamilie	Habartoljalo Klan	Bijamal Klan

Dulbahante Klanfamilie	Habarjalo Klan	Hawadle Klan

Warsangali Klanfamilie	Idagale Klan	Murusade Klan

Jusuf Klanfamilie		Udschuran Klan

Kablalah Klanfamilie

lungen her, die in einem Tal östlich der alten Stadt Harer lagen. Für den äthiopischen »Negus« Yeschak waren die Muslime »Feinde Gottes«. Religion musste auch in dieser Ecke der Welt und zu dieser Zeit als Kriegsideologie und Rechtfertigung schnöder Machtpolitik herhalten. Im Jahr 1415 schließlich fiel der Äthiopier im muslimischen Königreich Ifat ein. Dessen Armeen konnten dem Ansturm nicht widerstehen. Sultan Sad ad Din floh an den Golf von Tadschura, dem heutigen Dschibuti, und setzte auf eine Insel jenseits der Küste der Stadt Seilak über. Doch auch die Flucht über das Meer half dem Somali nicht. Die Äthiopier setzten nach, Sultan Sad ad Din fand den Tod – und König Yeschak ließ zum Ruhme seines Sieges eine Hymne schreiben, in deren Text das Wort »Somali« erstmals schriftlich überliefert ist.

Der Rest des 15. Jahrhunderts und der Anfang des 16. Jahrhunderts waren vor allem von zwei Entwicklungen geprägt: zum einen von der Ausdehnung des Einflussgebietes der Somali nach Süden bis zum Fluss Tana im heutigen Kenia, zum anderen von der Ausbildung stark zentralisierter staatlicher Systeme in Somalia, von denen nach Ifat das Sultanat Adal als das wichtigste und mächtigste galt. Zum Höhepunkt der Macht Adals reichte dessen Einfluss von der Hauptstadt Seilak am Golf von Aden bis zu den fruchtbaren Tälern des Dschidschiga und dem Harer-Hochplateau, also weit in das heutige Äthiopien hinein. Adal war ein wohlhabendes, weltoffenes Sultanat, das den Ruf genoss, herrliche Moscheen hervorgebracht und berühmte muslimische Gelehrte beherbergt zu haben. In der Nationalgeschichte Somalias aber wird es vor allem wegen seiner Konflikte mit dem nach wie vor nach Expansion strebenden Äthiopien verehrt.

Nach der vernichtenden Niederlage des Sultanats Ifat dauerte es fast 100 Jahre, bis sich die Somali unter dem charismatischen Imam Ahmed Guray des Sultanats Adal endlich rächen konnten für diese Schmach. Die somalischen Muslime fielen in Äthiopien ein, ihre Taktik der verbrannten Erde dezimierte die lokale Bevölkerung empfindlich. Wer weiß, wie dieser Konflikt um die regionale Vorherrschaft ohne Einmischung von außen damals ausgegangen wäre! Aber Pedro da Gama, ein Sohn des portugiesischen Entdeckers Vasco da Gama, intervenierte. Eigentlich war Pedro da Gama auf der Suche nach dem im mittelalterlichen Europa sagenumwobenen Priester Johannes, einem Christen und afrikanischen König, dem unvorstellbar große und reiche Ländereien angedichtet wurden. Aber am Ende rettete der Portugiese, auf dem Seeweg kommend, die Äthiopier vor dem Zorn der Somali. Er half den äthiopischen Armeen mit seinen Kanonen, die Muslime zu schlagen. Imam Ahmed Guray starb 1543 auf dem Schlachtfeld.

Mit dem Imam und dem Sultanat Adal starb, mehr als nur symbolisch, auch die künftige Chance Somalias, einen eigenständigen starken Zentralstaat zu bilden. Denn von nun an bis zur endgültigen Ankunft der ersten weißen Kolonisatoren 1854 wurde das Horn von Afrika, dessen strategische Lage geopolitisch zunehmend an Bedeutung gewann, in die Zange genommen. Die Nordküste dominierten zunächst die Türken und ihr osmanisches Reich, gefolgt von den Scheichs von Mukha, die im Namen der stetig schwächer werdenden Türkengroßmacht ihren Tribut einforderten. An seiner Ostküste am Indischen Ozean wurde Somalia von den Portugiesen und ihrem Weltreich in Schach gehalten. Danach beherrschte vom 17. bis zum 19. Jahrhundert der Sultan von Oman die Küstenregionen. Seine Herrschaft reichte weit südlich über Somalia hinaus in das heutige Ostafrika, wo er schließlich seit 1840 auf der Gewürzinsel Sansibar residierte.

Seit der zweiten Hälfte des 16. Jahrhunderts war Somalia zwar nicht unter Fremdherrschaft. Für sein weites

Hinterland interessierte sich so gut wie niemand. Aber die wichtigen Küstenregionen, mit ihren Städten die Tore zur Welt und damit Lebensnerv nicht nur des Handels und Kommerzes, sondern auch mögliche Kristallisationspunkte für die Entstehung zentralstaatlicher Strukturen, waren unter ständiger Kontrolle fremder Mächte. Diese achteten sehr wohl darauf, dass das Horn von Afrika ihr Einflussgebiet blieb und kein von ihnen unkontrolliertes Eigenleben aufnahm. So beschränkte sich die Herrschaft des Sultans von Oman weitgehend auf ein Lehensverhältnis, also auf Tributzahlungen der örtlichen Patriarchen und die Präsenz eines Kadi – eines muslimischen Richters – sowie einer Hand voll Askaris als territorialer Polizei.

Bis zum 18. Jahrhundert entwickelte sich in Somalia der Lebensstil der muslimischen Nomadengesellschaft, der das Horn von Afrika bis in unsere heutige Zeit nachhaltig prägt. Dabei muss man sich immer die schwierigen ökologischen und extremen klimatischen Voraussetzungen vor Augen halten: Im Norden Somalias liegt das Ogo-Hochland, ein zerklüfteter uralter Gebirgszug. Dieser kommt aus Äthiopien und zieht sich am Golf von Aden in Höhen von 900 bis 2.100 Metern entlang. Der schmale Küstenstrich davor, Guban, besteht aus heißem, trockenem Buschland. Zentral- und Südsomalia dagegen sind weitgehend flach und haben nur Erhebungen von maximal 180 Metern Höhe. Das ganze Jahr über herrscht hier, nur wenig nördlich des Äquators, ein heißes Klima, das nur zweimal im Jahr von Monsunwinden und nicht immer regelmäßigen Regenfällen durchbrochen wird. Die Jahreshöchsttemperatur schwankt zwischen 30 und 40 Grad Celsius. Dabei umfassen die Monate Oktober und November sowie März bis Mai, die so genannten Angambili-Perioden, die heißeste Zeit in Somalia, in der die Luft zugleich drückend feucht wird. Dagegen bringt zwischen Mai und Oktober der Südwestmonsun eine regelrecht kühle Brise vom Indischen

Ozean vor allem nach Mogadischu. Auch die Wintermonate Dezember bis Februar mit ihren Winden aus Nordost sind insbesondere in Nordsomalia im Vergleich zum Rest des Jahres recht angenehm.

Bis heute sind die Menschen in Somalia den Launen der Natur unmittelbar ausgesetzt. Ihren Lebensrhythmus bestimmen die Jahreszeiten. *Dschilal*, die Dürre, verbrennt das Land und lässt die wenigen mutigen Pflanzen gänzlich verdorren. Wenn aber dagegen *Gu* einsetzt, der Frühlingsregen, blüht beinahe über Nacht alles auf, die Wüste ergrünt und überall brüllen die blauen und weißen Blüten der plötzlich erwachten Stauden vor Lebensfreude. Dies ist ein Zyklus zwischen Katastrophe und Glückseligkeit, den der somalische Schriftsteller Nurudin Farah in seinem Roman *Aus einer Rippe gebaut* wie folgt beschreibt: »Der Frühling allein zählt. Im Frühling wird ein Kind ein Jahr alt, selbst wenn sein Geburtstag auf den letzten Frühlingstag fällt. Die drei Frühlingsmonate bedeuten alles. Für die Menschen wie für die Tiere. Hochzeiten werden im Frühling gefeiert, Kriege geführt, der Segen der Heiligen gesucht, Stammesfehden werden begonnen oder beendet. Deshalb bedeutet der Frühling alles. Er bedeutet Glück. Er bedeutet grüne Weide für das Vieh, viel Milch und daher auch Wohlstand für die Hirten. Der Frühling ist ein Halbgott.«

In Somalia gibt es nur im Süden und an den nördlichen Berghängen ausreichend Regen, um einen kleinen Waldbestand und Grasland zu erhalten. Der Rest des Landes besteht aus steiniger Halbwüste oder oft sandiger Trockensavanne. Dagegen ziehen sich wie zwei grüne Lebensadern die zwei größten Flüsse, der Juba und der Schebelle, durch den Süden. Beide entspringen im Hochland Äthiopiens, sie bieten im unwirtlich heißen Klima Somalias ein lebenswichtiges Wasserreservoir. In den Trockenmonaten müssen sich die Flüsse als spärliche Rinnsale ihren Weg suchen, nach den großen Regenfällen in ihren Quellgebirgen aber schwellen sie oft über Nacht zu reißenden Strömen an und überfluten dann weite Landstriche. In unmittelbarer Nähe der Ufer der beiden Wadis ist ertragreicher Ackerbau möglich, vor allem entlang des Schebelles. Dieser Fluss schlängelt sich mehr als 2.000 Kilometer lang durch das Land. Kurz vor dem Indischen Ozean und seinen immens großen Dünen weicht er nach Süden aus und fließt in einer Entfernung von wenigen Kilometern parallel zum Indischen Ozean, in den er nie mündet. Denn der Schebelle vereint sich kurz davor mit dem Fluss Juba. Entlang des Schebelles, an den Ufern dieses Naturphänomens, gedeihen auch Südfrüchte aller Art – Bananen, Orangen, die schmackhaftesten Pampelmusen. Am Mittellauf des Schebelle-Flusses haben sich über die Jahrhunderte Bauernsiedlungen des Bantu sprechenden Schidle-Volkes gehalten. Diese »Afrikaner« müssen in Somalia rechtlos außerhalb des Klansystems überleben.

Charakteristische Wildtiere Somalias waren Elefanten, Zebras, Giraffen, Antilopen und Leoparden. Von denen gibt es heute nahezu keine mehr dort, dafür umso mehr somalische Wilderer in den afrikanischen Nachbarländern. Das Land verfügt über so gut wie keine erschlossenen Bodenschätze außer einigen kleinen Ölvorkommen an der Südküste.

In dieser weitgehend menschenfeindlichen Landschaft leben die somalischen Nomaden von der Viehzucht. Sie haben Rinder, Schafe und Ziegen, das wichtigste Tier des Somali aber ist das Kamel. An der Zahl der Kamele lässt sich der Wohlstand und Erfolg einer Sippschaft ablesen. In Kamelen wird der Brautpreis gezahlt, von einem Kamel können während der Trockenzeit zehn Menschen leben, sie erhalten vom Kamel Milch und Wolle. Wenn es dann auch das Kamel nicht mehr schafft, bleiben den Nomaden noch dessen Fleisch zum Essen und dessen Haut als Leder.

Auch das Blutgeld, das an den Vorsteher eines Klans gezahlt werden muss, wenn ein Angehöriger derselben Sipp-

schaft getötet wird, ist in Somalia in »Kamelwährung« festgesetzt. Als Siad Barre im 20. Jahrhundert das Blutgeld für
Frauen verdoppelte und die Frauen damit Männern gleich-
setzte, entflammte sofort ein heftiger Streit zwischen dem
Diktator und den Islamgelehrten. Auch die formale Gleich-
berechtigung scheint in Somalia nur via Kamel durchzusetzen zu sein. Kamele sind alles in Somalia, sie tragen die
Lasten, Kamele sind Reittiere. Und Kamele sind einer der
Hauptexportartikel Somalias. Das Kamel ist »die Mutter
der Menschen«, schrieb der Poet Said Mohammed Abdille
Hassan deshalb in seinen Gedichten.

Auf das karge, dürre Hinterland beschränkt, gab es im
18. und 19. Jahrhundert kaum nennenswerte Veränderungen der somalischen Gesellschaft. Die Nomaden brachten
ihre Ziegen, Schafe, Rinder und älteren Kamele zu den internationalen Händlern und Metzgern in die Küstenstädte.
Aus dem Erlös kauften sie sich auf deren Märkten die wenigen Dinge, die sie nicht selbst herstellen konnten, die aber
zum Leben notwendig waren, zum Beispiel Tee (»chai«)
oder Salz. Städte wie Mogadischu oder Merka fungierten
als Handelszentren, innerhalb der Städte gab es nach wie
vor Moscheen und Koranschulen.

Draußen im heißen Land aber waren die Menschen auf
wandernde Koranlehrer angewiesen, um teilzuhaben an
Bildung und geistiger Erbauung. Diese Wanderprediger
wiederum waren abhängig von der Generosität ihrer Gast-
geber, wollten sie und ihre Novizen, die mit ihnen mitzogen,
in der kargen Landschaft nicht verhungern oder verdurs-
ten. Dafür beteten sie mit den Nomaden, segneten deren
Tiere, berieten und beschwichtigten bei Streitereien, vollzogen Eheschließungen. Diese Wanderprediger waren oft
selbst nicht sehr versiert in den Lehren des Islam. Zudem
blieben sie als nicht zahlende Mit-Esser meist nicht allzu
lange bei einer Sippschaft. Deshalb ist davon auszugehen,
dass unter den Nomaden Somalias die religiösen Prinzipien

des Islam nur rudimentär und recht oberflächlich bekannt waren.

In entlegenen Regionen kamen oft nicht einmal Wanderprediger und die Hirten waren auf einen aus ihrer Mitte angewiesen, der als Lehrer für die Kinder, als Notar, Richter und letzte Instanz in religiösen Fragen fungierte. So einen Mann nennen die Somali *wadad*. Die *wadado* waren meist religiöse Personen, nicht aber gelernte Theologen, diese dürfen den Titel Scheich tragen und sind in Somalia fast immer Mitglieder einer Sufi-Brüderschaft. Dennoch bildeten die *wadado* vermutlich die erste soziale Schicht unter den Somali, die (arabisch) lesen und schreiben konnte. Einige von ihnen gehörten religiösen Brüderschaften an, andere entstammten schlicht Familien mit starker religiöser Tradition. Letztere hatten selten eine religiöse Ausbildung, vielmehr waren sie quasi per Geburt dazu berechtigt, am Freitag oder an Festtagen vorzubeten, zu vermählen oder an den Gräbern der Heiligen die religiösen Rituale zu vollziehen.

Somalia und seine Menschen waren auf existenzielle Überlebensstrategien für die unwirtliche Umgebung zurückgefallen. Als Leutnant Richard Burton der Britisch-Indischen Marine die Nordküste Somalias 1854 bis 1855 besuchte, war vom früheren Glanz der alten Somalreiche nichts mehr übrig geblieben. Burton beschrieb die einst so mächtige Hauptstadt Seilak als eine Ansammlung von Schlamm und schäbigen Hütten. Die ehemalige Wasserversorgung funktionierte nicht mehr, die früher starken Stadtmauern waren bis zur Unkenntlichkeit zerfallen. Die Macht über Seilak und seine Umgebung übte ein lokaler Chef des Habarjomis-Klans der Isak-Klanfamilie aus. Aber auch dieser konnte nicht verhindern, dass die Bürger Seilaks dem Gutdünken der Nomadenkrieger ausgeliefert waren, die regelmäßig die Stadt überrannten und ausplünderten.

Unterdessen hatte die britische East Indian Company mit dem Sultan von Tadschura bereits seit 1840 Verträge geschlossen, welche die Nutzung nordsomalischer Häfen einschlossen. Aber kurzzeitig gelang es dann den Ägyptern, zwischen 1875 bis 1884 Teile Nordsomalias zu beherrschen. Erst danach fassten die europäischen Kolonialmächte endgültig Fuß am Horn von Afrika und teilten sich in den letzten beiden Jahrzehnten des 19. Jahrhunderts Somalia Stück für Stück auf.

Frankreich etablierte sich in Französisch-Somaliland, dem späteren Dschibuti, Großbritannien spann sein Netz an Verträgen mit verschiedenen Klanchefs in Nordsomalia. Denen garantierte es britischen Schutz. London sicherte sich im Gegenzug seine Handelsrouten in Richtung Osten ab und schuf für seine Schiffe die Möglichkeit, sich am Horn von Afrika mit Wasser und Proviant zu versorgen. Bald jedoch kontrollierte Großbritannien ganz Britisch-Somaliland im Norden und schloss schließlich 1897 mit Äthiopiens König Menelik einen Vertrag, der die Grenze zwischen beiden Einflussgebieten festlegte.

Doch gerade gegen die britische Fremdbestimmung regte sich bereits um die vorletzte Jahrhundertwende Widerstand unter religiösen Somali. Aufgeschreckt durch die erzwungene Verwestlichung erwachte der islamische Fundamentalismus. Denn viele muslimische Glaubensgrundsätze waren nur schwer mit den sozialen, wirtschaftlichen und politischen Veränderungen der kolonialen Herrschaft, vor allem nicht mit der ganz anderen Aufklärung und Erziehung in Einklang zu bringen. Eine der islamischen Antworten auf das Vordringen des Kolonialismus – nicht nur in Somalia – war deshalb die Rückkehr zu orthodoxen muslimischen Traditionen. In Somalia waren die Vorreiter dieser fundamentalistischen Gegenbewegung die Sufi-Brüderschaften, allen voran Mohammed Abdulla Hassan. Die Briten nannten diesen Freiheitskämpfer, der zum Volkshelden wurde und bis heute eine wichtige Figur nationaler Identität in Somalia geblieben ist, den »verrückten Mullah«. Mohammed Abdulla machte den Briten fast zwei Jahrzehnte schwer zu schaffen. Immer wieder griff der fundamentalistische Nationalist an, schloss Waffenstillstände und brach sie wieder. Um 1910 mussten sich die britischen Kolonialherren sogar vorübergehend ganz aus dem Landesinneren zurückziehen. Schließlich aber bombardierte die Royal Air Force das Machtzentrum Mohammed Abdullas in Talex und besiegte – übrigens mit kräftiger Unterstützung kolonialtreuer Somali – den »verrückten Mullah«.

Ganz anders verlief die »Landnahme« der Italiener. Sie erhielten 1885 in der Region des Sultans von Sansibar Handelsrechte und schlossen 1889 Verträge mit den Sultans von Obia und Calula, die ihre Territorien unter italienischen Schutz stellten. Schließlich einigte sich Italien 1897 und 1908 mit Äthiopien und Großbritannien auf die Grenzen »seines« Somalias, das es unter direkte Verwaltung stellte und damit dem vollen Status einer Kolonie unterwarf. Die italienische Kolonialherrschaft stieß immer tiefer ins Hinterland Somalias vor. 1924 traten die Briten den Italienern ihre kenianische Juba-Provinz samt der somalischen Hafenstadt Kismaio ab. Italien war dies nicht genug, es unterwarf und besetzte zwei noch unabhängige Sultanate (die von Obia und Midschertein) und stieß immer tiefer in den Ogaden und das östliche Äthiopien vor. 1935 schließlich startete es eine Großoffensive gegen Äthiopien, die zum Fall von Addis Abeba und der vorübergehenden italienischen Annexion des Kaiserreiches 1936 führte.

Dann brach auch in den ostafrikanischen Kolonialgebieten der Zweite Weltkrieg aus. Italien war als Achsenmacht mit Hitlerdeutschland verbündet. Es erklärte Großbritannien im Juni 1940 den Krieg und seine Truppen überrannten Britisch-Somaliland. Doch Großbritannien schlug zurück und brachte schnell fast ganz Somalia ein-

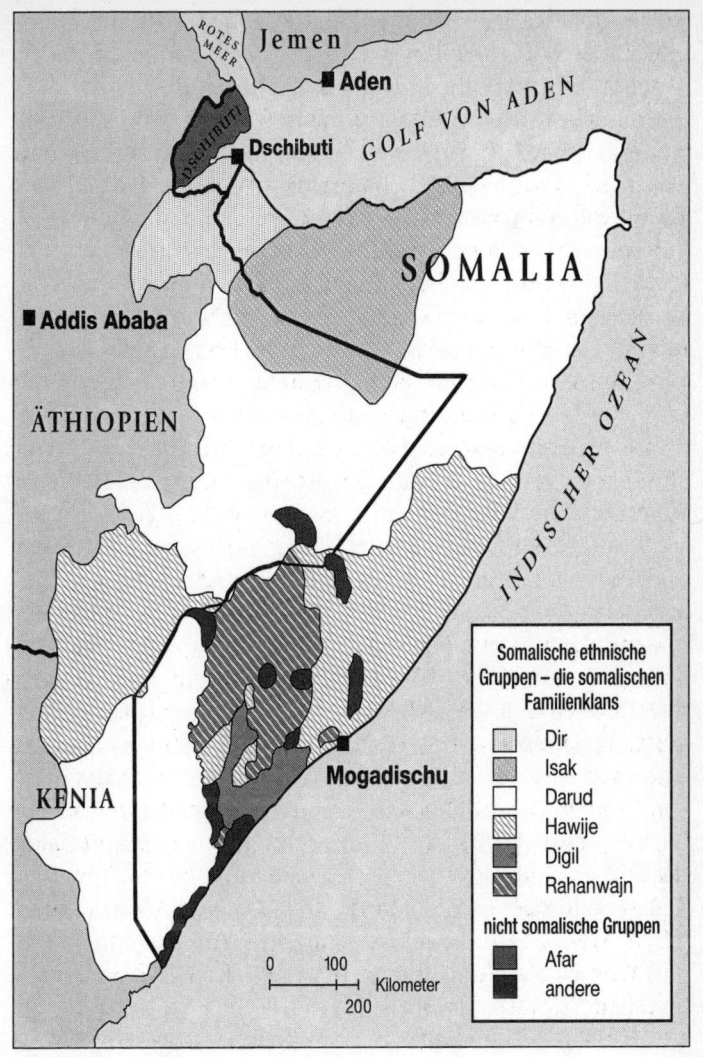

ROTES
MEER

Jemen

■ **Aden**

GOLF VON ADEN

DSCHIBUTI

□ Dschibuti

SOMALIA

■ **Addis Abeba**

ÄTHIOPIEN

INDISCHER OZEAN

Mogadischu

KENIA

Somalische ethnische
Gruppen – die somalischen
Familienklans

Dir
Isak
Darud
Hawije
Digil
Rahanwajn

nicht somalische Gruppen

Afar
andere

0   100
|————|————| Kilometer
      200

45

schließlich weiter Teile der italienischen Kolonie unter seine Kontrolle.

1941 bis 1950, in den neun Jahren, in denen Somalia dann als Protektorat unter britischer Militärverwaltung stand, begannen die Briten, das Land auf die Selbstverwaltung vorzubereiten. Sie richteten örtliche Gerichte und Verwaltungsausschüsse ein und stellten das Territorium unter die Verwaltung des Protectorate Advisory Councils.

Aber bis zur Unabhängigkeit sollte es noch dauern, auch wenn sich seit 1943 der antikoloniale Widerstand im Somali Youth Club/League organisierte. Italien musste 1947 zwar im Friedensvertrag auf alle seine Ansprüche in Somalia verzichten. Aber seine ehemalige Kolonie, die von den Vereinten Nationen für zehn Jahre unter UN-Treuhandschaft gestellt worden war, wurde ausgerechnet Italien zur Verwaltung übergeben.

Als die Briten dann 1948 auch noch den Ogaden und die angrenzenden somalischen Gebiete an Äthiopien zurückgaben, war schon Jahre vor jeder möglichen Unabhängigkeit eines für Somalia klar: Während viele Völker und Länder, die von den Europäern kolonisiert worden waren, bald ihre frühere Selbstbestimmung wieder erlangten oder erstmals in nationalen Grenzen eigene Staaten bilden konnten, würde der Traum von einem nationalen Großsomalia nicht leicht zu verwirklichen sein. Denn das Territorium, in dem die Somali am Horn von Afrika lebten, war auf dem Spieltisch der Kolonialzeit offenbar ein für alle Mal in fünf Teile zerstückelt worden: in Französisch-Somaliland (Dschibuti), in Britisch-Somaliland, in das italienische Somalia, in den äthiopischen Ogaden und schließlich in den Nordosten Kenias (siehe Karte auf Seite 7).

3. Neun Jahre Frühling vor dem Sündenfall

Die Nationalflagge des unabhängigen Somalia, das am 1. Juli 1960 durch den Zusammenschluss von Britisch-Somaliland mit dem von den Italienern verwalteten Teil entstand, stellt auf blauem Tuch einen weißen Stern mit fünf Strahlen dar. Schon allein an seiner Flagge lassen sich die postkolonialen Geburtsfehler des neuen Gebildes und deren unvermeidlichen Folgen deklinieren. Denn wie beinahe ausnahmslos alle afrikanischen Staaten, die in den 1960er-Jahren ihre Unabhängigkeit erhielten, war auch *Jamhuriada Somalia* – die Somalische Republik – ein fauler Kompromiss der Europäer. Diese waren ihrer Kolonien müde geworden. In dieser historischen Stunde stand im Vordergrund ihres Interesses weder die in sich geschlossene nationale Identität noch die Funktionstüchtigkeit der neu zu schaffenden Staaten. Auch bemühten sie sich nicht um die Lösung sozialer, wirtschaftlicher oder politischer Widersprüche innerhalb der Gesellschaften, die oft von ihnen gewaltsam zusammengewürfelt worden waren und deshalb ein immenses Konfliktpotenzial enthielten.

Alle Regierungen der nördlichen Welthalbkugel legten zwar schuldbewusst ihre Lippenbekenntnisse ab und beschworen öffentlich das Recht auf Selbstbestimmung. Aber bei ihren weitreichenden realpolitischen Entscheidungen ließen sich die ehemaligen Herrscher der Welt dann ziemlich kompromisslos von ihren – durchaus verständlichen – Eigeninteressen leiten in der nach dem Zweiten Weltkrieg bipolar gewordenen Welt des Ost-West-Gegensatzes. Sie versuchten, ihre ehemaligen Kolonien entweder als wirtschaftliche Einflusszonen zu sichern. Oder sie verhinderten, wie im Fall Somalias, dass geopolitisch strategisch wichtige Gebiete zu neuen, für sie möglicherweise unkontrollierbaren Subzentren regionaler Macht heranwuchsen. Dies ließen sie schon gar nicht zu, wenn die Entstehung eines solchen Staates nur auf Kosten ihnen gewogener regionaler Konkurrenten geschehen konnte. Diese verlässlichen Partner gab es am strategisch wichtigen Horn von Afrika: Somalias Nachbarländer Äthiopien und Kenia. Und Frankreich dachte erst gar nicht darüber nach, seinen militärischen Stützpunkt Dschibuti am Golf von Aden aufzugeben.

Die eingeengte Ausgangslage, der schier unlösbare Gegensatz von Wollen und Können verbirgt sich in der Nationalflagge Somalias. Diese wurde schon am 12. Oktober 1954 von der Mandatsmacht Italien für das ehemalige UN-Treuhandgebiet gebilligt. Das Blau entspricht dem der UN-Flagge und erinnert bis heute daran, dass die Somali jahrzehntelang unter Fremdherrschaft und unter dem Mandat der Vereinten Nationen ohne selbstständige Staatlichkeit leben mussten. Die fünf Strahlen des weißen Sternes auf der Nationalflagge wiederum stehen für die seit der Kolonialzeit getrennten fünf Somaliländer: Italienisch-, Französisch-, Britisch-Somaliland sowie die somalischen Gebiete im äthiopischen Ogaden und im Nordosten Kenias. Der nationale Traum eines vereinten Großsomalias blieb freilich immer mehr Anspruch, als dass er Chancen gehabt hätte oder hat, verwirklicht zu werden.

Die Unabhängigkeit dessen aber, was bis heute in den Atlanten als Somalia eingezeichnet ist, verlief recht holprig und kompliziert. Zunächst mussten die beiden Einzelteile des Gebietes jeweils »frei« werden, bevor sie sich zusammenschließen konnten. Großbritannien entließ am 26. Juni 1960 sein Somaliland in die Unabhängigkeit und zeitgleich endete für den Süden vorzeitig das UN-Mandat, sodass sich beide Teile am 1. Juli 1960 zur Republik Somalia vereinen konnten. Die neue Republik erhob von ihrer Geburtsstunde an territoriale Ansprüche auf die von Äthiopien im

19. Jahrhundert annektierte Somalregion im Ogaden, auf Kenias Nordosten und auf Französisch-Somaliland, das erst 1977 als Dschibuti unabhängig wurde.

In den meisten afrikanischen Kolonien gab es damals die eine Unabhängigkeitsbewegung oder den einen Freiheitskämpfer, hinter dem sich alle anderen regionalen oder persönlichen Sonderinteressen für das entscheidende gemeinsame Ziel vereinten: die Unabhängigkeit zu erlangen. Somalia fehlte dies. Am stärksten hatte der Somali Youth Club, 1947 umbenannt in Somali Youth League (SYL), den antikolonialen Widerstand organisiert. Die Somali Youth League aber war eine Organisation des Südens. Darüber hinaus wurde sie stark dominiert von der Klanfamilie der Darud. Es dauerte noch Jahre, bis diese antikoloniale Bewegung im neuen »Klein«-Somalia ein politisches Sammelbecken wurde, das die Wähler über Klan- und Regionalgrenzen hinweg zur politisch führenden Partei wählten.

Die meisten Parteien Somalias waren in der Kolonialzeit aus lokalen Organisationen entstanden, sie spiegelten im neuen, unabhängigen Gesamtstaat nicht übergreifende soziale oder nationale Interessen wider, sondern waren stark durch Loyalitäten zu einzelnen Klans geprägt. Deshalb verkörperte das somalische Parteienspektrum von Anfang an vor allem das Spannungsverhältnis zwischen den regionalen Interessen des ehemals britischen Nordens und des italienisch geprägten Südens des Landes.

Im Norden gab es zum Zeitpunkt der Unabhängigkeit zwei politische Parteien, die diesen Namen auch wirklich verdienten. Dies war zum einen die zahlenmäßig dominierende Somali National League (SNL); in dieser Partei organisierten sich die Mitglieder der Klanfamilie Isak. Zum anderen war dies die United Somali Party (USP); diese zweite Partei unterstützte vor allem Teile der Klanfamilien der Dir und Darud. Andere Klanmitglieder der Darud, die als Großfamilie im Norden Somalias immer in der Minderheit gewesen ist, schlossen sich dagegen im wieder vereinten Somalia mit ihren Klangenossen im Süden in der Somali Youth League (SYL) zusammen. So fand sich der im Britisch-Somaliland dominierende Klan der Isak und mit ihm die SNL-Partei im neuen Somalia plötzlich als Minderheit wieder.

Noch komplizierter war die Lage für die Mitglieder des Dir-Großklans. Diese Klanfamilie hat kaum direkte Verwandte im Süden. Ihre Mitglieder waren deshalb hin und her gerissen zwischen ihren regionalen Interessen und ihren damit verbundenen Sympathien für die Isak – und ihren traditionell guten Beziehungen zu Gruppen der Klanfamilie der Hawije im Süden. Ein arges Durcheinander also, in dem politische Positionen sich nicht an Grundfragen ausrichteten, sondern durch Verwandtschaftslinien, Klanloyalitäten und regionale Interessen bestimmt wurden.

Ein weiteres Gravitationsfeld somalischer Innenpolitik war der tief greifende Konflikt zwischen den militanten Nationalisten, die der proarabischen und zugleich der großsomalischen Idee verhaftet waren, und den so genannten *Modernisten.* Dieses waren zwei starke Antipoden. Die Anhänger Großsomalias setzten sich mit allem Nachdruck für eine Vereinigung des bestehenden Teilsomalias mit den ebenfalls von Somali bevölkerten Gebieten im äthiopischen Ogaden und im Nordosten Kenias ein. Die Modernisten auf der anderen Seite traten dafür ein, die Priorität im postkolonialen Somalia auf wirtschaftliche Entwicklung und soziale Reform zu legen, außenpolitisch wollten sie die Grenzen und den nationalen Status quo zunächst nicht verändern, sondern setzten stattdessen auf ein gutes Verhältnis und einen Interessenausgleich mit den regionalen Nachbarn Kenia und Äthiopien.

Auch dieser Riss im politischen Spektrum des wieder vereinigten Somalia hatte seine Nord-Süd-Komponente: Denn die proarabische und militant für ein Großsomalia eintretende Oppositionspartei des Südens, die Great Somali League (GSL), erhielt gegen die eher gemäßigte Somali Youth League (SYL) Unterstützung aus dem Norden von der SNL und USP.

Aber das ehemalige Britisch-Somaliland im Norden tat sich mit der plötzlich gegebenen Dominanz des Südens generell und jenseits aller Themen schwer. Dies zeigte sich schon bei der ersten großen und wichtigen nationalen Abstimmung im neuen Somalia. Im Juni 1961 stimmte Somalia in einem Referendum über seine neue Verfassung ab. Während der Süden mit überwältigender Mehrheit den Entwurf annahm, erhielt dieser im Norden deutlich weniger als die Hälfte der Jastimmen der Wahlberechtigten. Die neue Machtverteilung zugunsten des Südens war den Somali im Norden nicht geheuer.

Diese Manifestation widerspricht der oft wiederholten Behauptung, dass sich Somalia, anders als die meisten anderen postkolonialen Staaten Afrikas, mit seiner homogenen Bevölkerung viel leichter als Einheit hätte konstituieren müssen. In dem Land lebten Menschen derselben Herkunft, derselben Geschichte, einer gemeinsamen Kultur, einer gemeinsamen Sprache, die zudem noch eine gemeinsame Religion, der Islam, verbindet. Unausgesprochen schwingt dabei immer der Vorwurf mit, bei diesen Voraussetzungen hätten die Somali es leichter als andere zusammengewürfelte Völker schaffen müssen, einen funktionierenden Staat auf die Beine zu stellen. Was dabei allerdings schnell vergessen wird: Da waren zwei ganz verschiedene Teile unter der gemeinsamen UN-blauen Flagge zu einem Somalia zusammengekommen.

Denn als Hinterlassenschaft des britischen Protektorats und der italienischen Kolonie mussten de facto zwei Staaten mit ganz unterschiedlichem europäischem Verwaltungs-, Rechts- und Schulsystem zusammengeschmiedet werden, zwei eigenstaatliche Gebilde also, in denen zudem über Jahrzehnte – neben dem gesprochenen Somal – verschiedene Amtssprachen etabliert waren: Englisch und Italienisch. Darüber hinaus hatten die Eliten beider Landesteile in der Kolonialzeit recht unterschiedliche Erfahrungen gemacht und völlig andere Kontakte und Netzwerke geknüpft. Die einen hatten englische Universitäten besucht, die anderen hatten ihre Ausbildung in Italien genossen. Jeder Einzelne hatte seine guten Beziehungen zu Politikern, Unternehmern oder Freunden in der jeweiligen früheren Kolonialmacht – Italien oder England. Zwischen den beiden ursprünglich getrennten Somalias gab es dagegen kaum gewachsene wirtschaftliche Kontakte. Da sollten also zwei sich stark entfremdete Familienmitglieder auf einmal wieder unter einem gemeinsamen Dach leben. Und zum Zeitpunkt der Unabhängigkeit hielten sich Norden wie Süden jeweils für weit besser geeignet, dieses neue Somalia in die Zukunft zu führen.

Dem widerspricht nicht, dass die Politik in der so plötzlich unabhängig gewordenen parlamentarischen Demokratie Somalia bei allen zum beliebtesten Volkssport avancierte. Neben dem Kamel wurde für die somalischen Nomaden der Besitz eines Transistorradios lebenswichtig. Keiner wollte auch nur einen der zahllosen Winkelzüge auf dem neu gewonnenen Schachbrett der nationalen Politik versäumen. Jeder Somali scheint ein geborener Politiker zu sein. Dabei waren Politik und Demokratie im neuen Somalia keineswegs allein Männersache. Im Süden hatten die Frauen seit den Kommunalwahlen 1958 unter italienischer Treuhand ihr Wahlrecht, im Norden erhielten sie dieses schließlich 1963 mit einer klaren, wenn auch nicht überwältigenden Mehrheit. Bis heute aber gibt es so gut wie keine somalische Politikerin. Dem steht die Tradition der männerbestimmten Klans als Grundfeste allen gesellschaftlichen Lebens diametral entgegen.

Auch in der Frage der Religion blieb das neue Somalia

hin und her gerissen zwischen überlieferter Tradition und Moderne westlicher Prägung. So garantiert die Verfassung von 1961 zwar die Religionsfreiheit, aber gleichzeitig erklärt sie die gerade unabhängig gewordene Republik zu einem islamischen Staat. Dies hatte allerdings unter den ersten beiden Regierungskabinetten, die, der Zeit gehorchend, natürlich ihre Lippenbekenntnisse für einen islamischen Sozialismus ablegten, kaum Auswirkungen auf politische Entscheidungen.

Viel grundsätzlicher als die religiöse Frage bestimmte die schwebende nationale Frage die politische Auseinandersetzung und die unmittelbare Zukunft des neuen Staates. Was würde aus den Somalgebieten jenseits der Grenzen von Somalia in Dschibuti, Äthiopien und Kenia werden? Schon in der Verfassungspräambel heißt es dazu: »Die Somalische Republik verfolgt mit legalen und friedlichen Mitteln die Vereinigung der Territorien.« Konsequenz dieser politischen Formel war, dass allen Somali, nicht nur den Einwohnern des unabhängigen Staates, per Geburt das Bürgerrecht zustand. Ein Gesetz untersagte darüber hinaus, die genaue Zahl der Sitze im nationalen Parlament festzulegen. Damit sollte sichergestellt werden, dass Repräsentanten der umstrittenen Territorien nach einer möglichen Vereinigung sofort in die Volksvertretung aufgenommen werden könnten. Und somalische Politiker fast aller Schattierungen forderten während der Neuordnung des afrikanischen Kontinents zwar nicht bedingungslos die Souveränität über diese Gebiete, aber zumindest das Selbstbestimmungsrecht der dort lebenden Somali. So drangen Vertreter der kenianischen Somali bei den Verhandlungen über die Unabhängigkeit dieser britischen Kolonie in London auf die Loslösung des somalisch dominierten Nordostens. Eine britische Regierungskommission folgte dieser Empfehlung sogar, nicht aber die britische Politik – und auch nicht das unabhängig gewordene Kenia, dies gab sich 1964 eine Verfassung mit zentralstaatlicher Ordnung unter Einschluss der umstrittenen Nomadengebiete im Nordosten.

Längst aber verunsicherten zu diesem Zeitpunkt schon somalische Guerillagruppen die umstrittene Region und überfielen Polizeistationen und Armeeposten in den unübersichtlichen weiten Steppen der dortigen Trockensavanne. Für die Kenianer waren diese somalischen Banden, *schiftas* genannt, eine Mischung aus Banditen und Guerilla. Aber nach massiven Grenzstreitigkeiten 1963 warf die Regierung Kenias der Regierung in Mogadischu offiziell vor, diese *schiftas* auszubilden und mit sowjetischen Waffen auszurüsten; tatsächlich hatte die Sowjetunion im selben Jahr mit Waffenlieferungen an Somalia begonnen. Die somalische Regierung wies die Vorwürfe Kenias, sie stünde hinter diesem *schifta*-Krieg, aufs Schärfste zurück und Mogadischu verurteilte auch Großbritannien für gleich lautende Erklärungen im Radioprogramm der BBC; die diplomatischen Beziehungen zu Großbritannien wurden sogar bis 1968 unterbrochen. Gleichzeitig sendete allerdings das somalische Kurzwellenradio ziemlich eindeutige Hetzparolen und nationalistische Töne über die Grenze nach Kenia.

Noch blutiger entwickelten sich die Feindseligkeiten entlang der Grenze zu Äthiopien. Seit seiner Gründung verneinte Somalia die Gültigkeit des britisch-äthiopischen Grenzvertrags aus dem Jahr 1954 als Ausfluss kolonialer Unterdrückung der Selbstbestimmung. Was zunächst als gewöhnliche Schmuggelei, klaninterne Streitigkeit oder grenzüberschreitender Viehdiebstahl begann, weitete sich rasch zu immer häufiger werdenden Scharmützeln zwischen somalischen und äthiopischen Grenztruppen aus. Zum Jahreswechsel 1963/64 gipfelten die Auseinandersetzungen in einem regelrechten Grenzkrieg. Als Antwort auf Mogadischus Unterstützung der äthiopischen Somalguerilla bombardierte die äthiopische Luftwaffe im Februar 1964 schließlich somalisches Territorium. Nur durch Vermittlung des Sudan, im Auftrag der Organisation für Afrikanische Einheit OAU, konnte schließlich im April ein Waffenstillstand und eine vorübergehende Beruhigung erreicht werden.

Kenia und Äthiopien aber waren gebrannte Länder. Sie schlossen noch im selben Jahr gegen die von ihnen empfundene andauernde Bedrohung durch Somalia einen gegenseitigen Beistandspakt, der nach weiteren Grenzkriegen 1980 und 1987 erneuert wurde. Somalia, das selbst 1963 der OAU beigetreten war, konnte mit seinen territorialen Ansprüchen auch innerhalb der panafrikanischen Organisation nicht mit Unterstützung rechnen. Denn wäre es dem Land am Horn gelungen, eine – aus Gründen der nationalen und ethnischen Zugehörigkeit durchaus zu rechtfertigende – Grenzveränderung durchzusetzen, hätte dies die gesamte so fragile Neuordnung des afrikanischen Kontinents durcheinander gewirbelt. Allzu viele Völker, Ethnien oder Stämme Afrikas waren im Zeitalter der Unabhängigkeit durch die willkürlichen Grenzziehungen der Kolonialmächte endgültig auseinander dividiert worden. Hierin liegt bis zum heutigen Tag gefährlicher politischer Sprengstoff vergraben, der den gesamten Kontinent zur Explosion bringen kann. Deshalb wohl auch hatten die in der OAU zusammengeschlossenen afrikanischen Staatschefs der ersten Stunde sich einmütig darauf festgelegt, die bestehenden Grenzen für unantastbar zu erklären. Keiner wollte die gerade erlangte Souveränität leichtsinnig gefährden. Hinzu kam im Falle Somalias, dass in dem kenianischen Präsidenten Jomo Kenyatta und dem äthiopischen Kaiser Haile Selassie zwei Schwergewichte afrikanischer Politik seinen territorialen Ansprüchen entgegenstanden.

Somalia konnte nicht mit einer international ebenbürtigen Persönlichkeit aufwarten, die diesen Block der Ablehnung sowohl in Afrika als auch in internationalen Gremien zu durchbrechen in der Lage gewesen wäre. Denn die somalische Innenpolitik war in den ersten Jahren vor allem durch Machtkämpfe und Intrigen unter Politikern einer Partei gekennzeichnet: der Somali Youth League (SYL). Die Grabenkämpfe gipfelten in einer zeitweiligen politischen Ohnmacht, als Gründungspräsident Abdullah Osman Dar nach der ersten Parlamentswahl 1964 nicht den bisher amtierenden Ministerpräsidenten Abdiraschid Ali Schermarke zum Regierungschef vorschlug, sondern Abdiraschid Hussein. Der sollte frischen Wind bringen und einen Kurswechsel vornehmen hin zu mehr Konzentration auf innere Reform und außenpolitischen Ausgleich. Doch der Zweikampf zwischen den beiden konkurrierenden Ministerpräsidentenkandidaten legte das junge parlamentarische System weitgehend lahm. Präsident Osman bestand auf seinem Vorschlagsrecht und seinem Kandidaten Hussein, bis er ihn schließlich durch komplizierte Koalitionen als Ministerpräsident durchboxte.

Erst die Präsidentschaftswahl 1967 brachte dann einen überraschenden Schwenk – und den ersten politischen Frühling nach Somalia. Abdiraschid Ali Schermarke, der Ex-Ministerpräsident aus Zeiten überschwänglicher Begeisterung für Großsomalia und Verlierer des Machtkampfes innerhalb der Politikerclique, trat gegen Altpräsident Osman an und gewann. Und die zweite Überraschung war Schermarkes Wahl des Ministerpräsidenten: Er berief Mohammed Ibrahim Egal, eindeutig ein Mann des Nordens und, wie sich zeigen sollte, des Ausgleichs mit den Nachbarn. Egal, am 15. August 1928 in der Hafenstadt Berbera als einziger Sohn eines Händlers geboren, war, nach Beteiligung am »Freiheitskampf« gegen die Briten, sogar bereits schon einmal Präsident gewesen: Für ganze vier Tage stand er im Norden der kurzfristig eigenständig gewordenen Republik Somaliland vor, bis diese am 1. Juli 1960 in der Republik Somalia aufging. Und Egal sollte sehr viel später wieder Präsident des Nordens werden, nämlich 1993 in der bis heute international nicht anerkannten Republik Somaliland, die in den Wirren des Jahres 1991 ausgerufen wurde.

Seit der Gründung Somalias aber war Egal – bis auf eine vorübergehende politische »Meuterei« mehrerer Nordlichter 1962 – als Mitglied der politisch dominierenden und zunehmend über die Klangrenzen greifenden Somali Youth League (SYL) immer Kabinettsmitglied in Mogadischu gewesen. Jetzt aber wurde er selbst Regierungschef und berief zum ersten Mal in der Geschichte Somalias ein Kabinett, in dem Repräsentanten so gut wie jedes Klans und aller Klanfamilien vertreten waren. Innenpolitisch war Egal mit den Modernisierern in Regierung, Parlament und Beamtenschaft auf einer Linie und beabsichtigte, die Energien des jungen Somalia besser auf die Überwindung sozialer und wirtschaftlicher Missstände zu verwenden, außenpolitisch verfolgte er einen moderaten, auf Entspannung ausgerichteten Kurs.

In der kurzen Regierungszeit unter Ministerpräsident Egal von 1967 bis 1969 verbesserte sich das Verhältnis zu den Nachbarländern Kenia und Äthiopien spürbar, ohne dass Somalia seine territorialen Ansprüche gänzlich aufgab. Dennoch kamen Äthiopien und Somalia etwa im Herbst 1968 überein, zwischen beiden Ländern kommerzielle Flug- und Telefonverbindungen einzurichten. Auch hob Egal den Ausnahmezustand, der seit 1964 in den somalischen Grenzgebieten herrschte, wieder auf, sodass die Nomaden ihre Herden wieder, den Jahreszeiten entsprechend, auf traditionell angestammte Weiden beiderseits der Grenze treiben konnten.

Doch Egals Entspannungspolitik hatte auch unerwartete negative Folgen. Je mehr sich der Ausgleich mit Somalias Nachbarn realisierte, desto weniger tauglich wurde die Idee eines Großsomalia als einigendes Band nach innen. Was der Kolonialismus als negative Kraft in Somalia nicht geschafft hatte – nämlich die Somali zusammenzuschweißen –, das hatte im unabhängigen Somalia die friedengefährdende, grenzüberschreitende nationale Euphorie bewirkt. Unter Egal aber verlor der Pansomalismus als national einigende Kraft an Attraktivität. Somalia fehlte die gemeinsame Vision. Es mangelte an einem dominanten politischen Thema, das die Menschen nicht nur mobilisierte, sondern auch polarisierte und zu klarer Lagerbildung führte. Wie sehr dies fehlte, zeigten bereits die Parlaments- und Kommunalwahlen im März 1969. Zu diesen Wahlen traten insgesamt 64 Parteien an – weit mehr, als es Klans in Somalia gibt. Die Regierung Egal und die sie parlamentarisch stützende Partei SYL gingen zwar aus der Abstimmung als Sieger hervor. Aber die politische Kultur des Landes nahm Schaden. Somalia zerbröselte in kleinteilige Gruppeninteressen, persönliche Vorteilsnahme und Bestechlichkeit von politischen Mandatsträgern und Regierungsbeamten griffen um sich, Nepotismus und Korruption begannen vor wichtigen Abstimmungen die demokratischen Entscheidungen zu bestimmen.

Dies ist – leider bis heute – in den meisten Ländern Afrikas eine der brenzligen Situationen, in denen sich die Militärs schnell »verpflichtet« fühlen, als Retter der Nation das angebliche Chaos verhindern zu müssen, und dann putschen. Die somalische Variante unterscheidet sich hier nur im Detail. Premier Egal war auf Auslandsreise, da tötete am 15. Oktober 1969 ein Bodyguard Präsident Schermarke – angeblich, weil seine Sippschaft vom Präsidenten schlecht behandelt worden war. Egal kehrte sofort nach Mogadischu zurück und bemühte sich darum, möglichst schnell einen neuen Präsidenten vom Parlament wählen zu lassen. Dies sollte abermals ein Mitglied der Klanfamilie der Darud werden, damit, so die Meinung Egals, selbst ein Isak, die empfindliche Balance zwischen den Klans nicht aus dem Gleichgewicht gebracht werde. Alles schien bereits entschieden und die Mehrheit für Egals Wahl im Parlament sicher, als eine Gruppe junger, in der Sowjetunion ausgebildeter Offiziere am 21. Oktober zuschlug. Die Armee, unterstützt von der Polizei, besetzte strategisch wichtige Posten in Mogadischu und nahm die Regierungsmitglieder – darunter Egal – und andere wichtige politische Persönlichkeiten fest.

Obwohl nicht Initiator dieser militärischen Machtübernahme, setzte sich der Befehlshaber der Armee, Generalmajor Siad Barre, an die Spitze des neuen Regimes. Der Oberste Revolutionsrat (SRC) rief Barre zum Präsidenten aus, die politischen Parteien wurden verboten, das Parlament aufgelöst, die Verfassung außer Kraft gesetzt. Als Ziele ihrer Politik verkündete die neue Regierung, »Tribalismus, Nepotismus, Korruption und Machtmissbrauch« zu beenden. Bestehende Verträge sollten geachtet, nationale Befreiungsbewegungen und die somalische Vereinigung aber unterstützt werden. Das Land wurde zu einer sozialistischen Republik und umbenannt in Demokratische Republik Somalia. Das war Somalias Sündenfall wider den Versuch, die parlamentarische Demokratie im Land zu verwurzeln. Die Putschisten um Siad Barre aber wollten weit mehr als nur die politischen Institutionen verändern. Sie wollten, glaubt man ihren Erklärungen, durch Einführung eines »wissenschaftlichen Sozialismus« die somalische Gesellschaft »transformieren«.

Die knapp mehr als 20 Jahre, die Siad Barre in Somalia herrschte, sollten das Land am Horn von Afrika tatsächlich komplett verändern. In der Barre-Zeit durchlebte Somalia als Antwort auf den westlichen Fortschrittsglauben den »islamischen Sozialismus«. Es führte Krieg und erlitt die totale Niederlage und wechselte schließlich im globalen Ost-West-Konflikt die Lager. Doch dadurch kam es nur in die schizophrene Situation, in einer typischen Dritte-Welt-Diktatur unterzugehen, die unter dem Deckmantel westlicher

Entwicklungshilfehumanität ausgebaut und jahrelang künstlich am Leben gehalten wurde. Das Ergebnis dieser fast idealtypischen, Blut saugenden persönlichen Vampirherrschaft, an der sich gerade auch Deutschland eindeutig mitschuldig machte, war die völlige Auflösung aller staatlichen Strukturen. Die Implosion der ungerechten Herrschaft schließlich bereitete den Weg für den Bürgerkrieg, die Anarchie und die Gewalt, die Somalia in den 90er-Jahren des vergangenen Jahrhunderts über Jahre fast täglich in die Schlagzeilen brachte. Die Saat des Terrors, der bis heute geblieben ist, aber wurde in der Barre-Zeit ausgebracht.

Mohammed Siad Barre kam aus einfachsten Verhältnissen. Er wurde 1919 – das genaue Datum ist nicht bekannt – in eine typische somalische Nomadenfamilie im Distrikt Lug am Oberlauf des Flusses Juba geboren. Barre, nach der väterlichen Erbschaftslinie Mitglied des kleinen Klans der Marehan (seine Mutter entstammte dem Klan der Ogaden), verlor seine Eltern, als er erst zehn Jahre alt war. Er besuchte die Grundschule in Lug. Dann ist über ihn erst wieder bekannt, dass er 1941 in die Polizeitruppe eintrat und sich in Kursen weiter qualifizierte. Später wechselte Barre von der Polizei in die Streitkräfte und besuchte eine Militärschule in Italien. Nach der Unabhängigkeit Somalias stieg Siad Barre im Range eines Obersts zum stellvertretenden Oberbefehlshaber der neu gegründeten somalischen Nationalarmee auf, deren Oberbefehlshaber er im Juli 1965 wurde.

Der Militärputsch, an dessen Ende Siad Barre an die Macht kam und der nachträglich zur Revolution stilisiert wurde, war weder von Moskau initiiert oder gesteuert worden noch das Ergebnis ideologischer Machtkämpfe. Siad Barre war kein Marxist, sondern zeit seines Lebens ein pragmatischer Machtpolitiker, der sich Rechtfertigungen und reale Unterstützung seiner Herrschaft dort holte, wo er sie am ehesten bekommen konnte. Die Sowjetunion hatte damals freilich zahlreiche Berater bei den somalischen Streitkräften. Aber keiner der jungen Putschisten, die in Moskau zu Offizieren ausgebildet worden waren und ihren Marx und Engels kannten, fand sich schließlich auf einem der wichtigeren Posten der Revolutionsregierung wieder.

Die Staatsideologie des neuen Regimes – später in einem weiß-blauen Büchlein Siad Barres niedergeschrieben – war eine bunte Mischung. Darin fanden sich Elemente des Korans, angereichert mit den Theorien von Marx, Lenin, Mao, und zusätzlich gewürzt mit Fragmenten aus der Gedankenwelt des italienischen Faschistenführers Mussolini. Siad Barre selbst betonte, »Sozialismus ist keine Religion, sondern ein politisches Prinzip«, eine Regierung und die Produktion zu organisieren. Für ihn bestand die offizielle Ideologie des revolutionären Somalia aus drei Elementen: seiner eigenen Konzeption für die kommunale Entwicklung nach dem Prinzip der Selbstversorgung, einem Sozialismus nach den marxistischen Prinzipien – und dem Islam.

Vor allem aber ging es dem Machtpragmatiker Siad Barre darum, nach dem Militärputsch gegen die westlich orientierte parlamentarische Demokratie für seine Regierung massive Unterstützung aus dem Ausland zu organisieren. Da lag es nahe, sich an Moskau anzulehnen. Äußerlich erschien Somalia ein Satellit Moskaus geworden zu sein. Sowjetische Waffen, Militärberater und Entwicklungshelfer strömten ins Land. Moskau setzte sich am Horn von Afrika fest.

Doch statt des Klassengegensatzes – den es im Sinne von Karl Marx in dem unterentwickelten und vorindustriellen Land schlicht nicht gab – musste als Rechtfertigung der Revolution der Tribalismus der Klangesellschaft herhalten. Von dieser Fremdbestimmung galt es fortan, sich zu befreien. Der somalische Sozialismus musste sich den Realitäten und traditionellen Machtverhältnissen Somalias, eines islamischen Dritte-Welt-Landes, stellen. Daraus entwickelte sich eine eigene »Befreiungsideologie«. Diese nahm sowohl Anleihen bei Moskaus und Pekings Theoretikern und musste sich zugleich auch gegenüber den Gedanken des »islamischen Sozialismus« positionieren, der, verbunden mit dem Namen des ägyptischen Nationalisten und Präsidenten Gamal Abdul Nasser (1918–1970), in die Geschichtsbücher eingegangen ist.

Der islamische Teil der Welt sieht sich konfrontiert mit der dynamischen sozialen und wirtschaftlichen Modernisierung der christlich-jüdischen Welt des Westens und ihrer dadurch ständig steigenden politischen Dominanz. Er hat bis heute nur zwei sehr widersprüchliche Antworten auf diese Bedrohung der eigenen Identität gefunden: den islamischen Fundamentalismus und den islamischen Sozialismus. Somalia macht da keine Ausnahme. Der »verrückte Mullah« Mohammed Abdullah Hassan war ein islamischer Fundamentalist. Im Kampf gegen die Kolonisierung lehnte das Mitglied einer Sufi-Brüderschaft jede Verwestlichung grundsätzlich ab und forderte die Rückkehr zu orthodoxen muslimischen Traditionen, so wie sie Prophet Mohammed niedergeschrieben hat.

Die Nasseristen oder islamischen Sozialisten schlugen einen entgegengesetzten Weg ein, ihre Antwort ist die Neuinterpretation des Islam. Ihrer Meinung nach war schon der frühe Islam als eine Protestbewegung gegen Machtmissbrauch, Korruption und Ungleichheit zu sehen. Diese Reformisten glaubten deshalb in den Schriften des Korans alle Elemente vorzufinden, um nach einer Neuinterpretation mit den ähnlich negativen Phänomenen der Modernisierung umgehen zu können. Der aktuelle islamische Fundamentalismus – ob in den Palästinensergebieten, innerhalb des al-Kaida-Netzwerks oder unter somalischen Gruppierungen wie al-Ittihad al-Islami oder Dschihad al-Islam – speist sich aus beiden Quellen. Er hat viele Elemente dieser an sich völlig widersprüchlichen Reaktionen auf die Verwestlichung der Welt zusammengebracht zu einem gefährlichen ideologischen Gemisch, das sich am besten als »fundamentalistischer Islamsozialismus« grundsätzlicher Opposition beschreiben lässt: antiamerikanisch, antisemitisch und damit antiwestlich, egalitär gegenüber Herkunft und Abstammung, doch gleichzeitig militärisch-hierarchisch organisiert, geführt in paternalistisch aufgebauten Gruppen, proarabisch, aber antielitär gegen die herrschenden Cliquen in den arabischen Ländern, gewaltbereit und gläubig.

In der sozialistischen Republik Somalia gab es viele, die in den 50er- und 60er-Jahren des vergangenen Jahrhunderts in Kairo studiert hatten und als Sympathisanten Nassers und seines islamischen Sozialismus zurückgekehrt waren. Das neue Establishment unter Siad Barre allerdings wollte sich nicht so eindeutig auf die Seite des arabischen Führers schlagen. So veröffentlichte die neue Staatszeitung *Stella d'Octobre* kurz nach dem Militärputsch einen Leitartikel, in dem die Unterschiede zwischen dem Islam und dem Sozialismus ebenso wie die zwischen dem wissenschaftlichen und islamischen Sozialismus dargestellt wurden. Demnach war der islamische Sozialismus bereits zu einem Sklaven des Kapitalismus und Neokolonialismus degeneriert und nicht viel mehr als ein Werkzeug der privilegierten, reichen Klassen an der Macht. Der wissenschaftliche Sozialismus dagegen werde aus denselben altruistischen Quellen gespeist wie der ursprüngliche Islam. Deshalb sollten die religiösen Führer sich aus der weltlichen Politik heraushalten und dieses Feld der neuen Staatsführung überlassen, deren Ziele mit den islamischen Prinzipien übereinstimmten.

Siad Barre hatte den Kampf um seine persönliche Macht begonnen. Niemand sollte ihn dabei stören, keine Ideologen und auch keine Mullahs. Er war weder Sozialist noch Islamist. Ihm ging es allein um die totale Macht. Sein Konterfei zierte neben Abbildungen von Marx und Engels jede Wand, der *Gulwade*, der siegreiche Führer, entfesselte den für afrikanische Despoten – ob vom Osten oder Westen gestützt – so charakteristischen Persönlichkeitskult: Siad Barre über allen und überall. Zweifelhafte Elemente, auch im Obersten Revolutionsrat, wurden erbarmungslos ausgeschaltet. Noch im ersten Jahr erwischte es Vizepräsident Korschel. Im April 1970 wurde dieser wegen Hochverrats verhaftet und später vom Nationalen Sicherheitsgericht zu einer Gefängnisstrafe verurteilt. Ein Jahr später, im Mai 1971, war es wieder ein Vizepräsident: Generalmajor Mohammed Ainanche. Dieser wurde gemeinsam mit Oberstleutnant Salah Gaveire Kedie, ebenfalls Mitglied des Revolutionsrates, und anderen Offizieren wegen der geplanten Ermordung Siad Barres zum Tode verurteilt.

Der Präsident, der offiziell angetreten war, mit seiner Revolution die feudalistische Klanpolitik ein für alle Mal zu überwinden, verließ sich selbst auf einen recht traditionell besetzten »inneren Zirkel«. Der Spitzname der Regierung war deshalb im Volksmund MOD: Dieses Kürzel stand für Marehan – Siad Barres Klan –, Ogaden – der Klan seiner Mutter –, und Dulbahante. Diesem Klan entstammte Siad Barres Schwiegersohn, Oberst Ahmed Suleiman Abdulla, der die gefürchteten Nationalen Sicherheitsdienste und verhassten Roten Berets (*Dub Cas* in Somalisch) leitete. Mitglieder dieser drei Klans, die alle zur Klanfamilie der Darud gehören, bildeten das eigentliche Machtzentrum unter Siad Barre. Selbst im Revolutionsrat waren zehn der 20 Mitglieder der Darud-Klanfamilie zuzurechnen.

Siad Barres somalischer Weg war also hinter seiner Maske ein »Klan«-Sozialismus. Der Revolutionspräsident rechtfertigte seine Macht mit dem Islam und dem Sozialismus, aber begründete sie nicht darauf. Dazu bediente er sich lieber altbewährter Mittel: enger Blutsverwandtschaft, Klannetzwerken und offener Repression. Vor dieser waren gerade auch einflussreiche Koranlehrer nicht ausgeschlossen. Zwar bezeichnete Siad Barre den Islam als integralen Bestandteil der somalischen Weltsicht. Aber als islamischer »Sozialist« berief er sich auch auf die Botschaft von Gleichheit, Gerechtigkeit und sozialem Fortschritt und erließ im Januar 1975 neue Familiengesetze, die eine weitgehende rechtliche Gleichstellung der Frauen in Somalia festschrieben. Als 23 religiöse Führer Mogadischus in ihren Moscheen dagegen protestierten, wurden sie wegen Gefährdung der Staatssicherheit und unter dem Vorwurf, von ausländischen Mächten aufgestachelt worden zu sein, festgenommen, zehn von ihnen hingerichtet.

Als Reformer bemühte sich Siad Barre um den Ausbau des Erziehungs- und Gesundheitswesens. Bei all seinen Verfehlungen ist ihm doch eines hoch anzurechnen: Er belebte die Arbeit einer Kommission der 1960er-Jahre wieder und führte die somalische Schriftsprache in lateinischen Buchstaben ein. In einer anschließenden Alphabetisierungskampagne, der somalischen »Kulturrevolution« von 1973 bis 1975, senkte das Barre-Regime deutlich die erschreckend hohe Zahl der Somali (95 Prozent!), die weder schreiben noch lesen konnte.

Siad Barre somalisierte und nationalisierte die Wirtschaft und Verwaltung des Landes. Der Einfluss der Sowjetunion wurde durch einen Freundschaftsvertrag im Juli 1974 vertieft und mit massiven Waffenlieferungen und dem Ausbau einer sowjetischen Basis im Hafen Berbera am Golf von Aden belohnt. Gleichzeitig trat Somalia der Arabischen Liga bei. Die bescheidenen Wirtschaftserfolge der Anfangsjahre Siad Barres, erreicht vor allem durch Mobilisierung von Selbsthilfeprojekten, wurden durch eine katastrophale Dürre (1974/75) mit Zehntausenden von Hungertoten wieder zunichte gemacht.

Außenpolitisch fiel Somalia unter Siad Barre, der 1976 die Somali Revolutionary Socialist Party (SRSP) gründete und sich zu deren Generalsekretär und zum Präsidenten des Staates wählen ließ, durch besonders scharfe Rhetorik auf. Diese richtete sich vornehmlich gegen das weiße Regime in Südafrika und gegen Israel. Militärisch dagegen unterstützte Barre die Rebellen der Westsomalischen Befreiungsfront (WSLF) im benachbarten Ogaden. Schon seit 1972 war es zwischen Somalia und Äthiopien wieder häufiger zu Spannungen gekommen. Die Gefechte nahmen in der zweiten Hälfte der 1970er-Jahre deutlich zu. Die Erfolge der vom »Heimatland« Somalia unterstützten Guerilla dort und die eigene ungezügelte Machtvollkommenheit stiegen Siad Barre schließlich zu Kopf.

Unter völliger Fehleinschätzung der außenpolitischen Lage ließ er im Juni 1977 die somalische Armee (SNA) zur Unterstützung der Guerilla in den Ogaden einmarschieren. Die Somali stießen rasch tief nach Äthiopien vor und nahmen die wichtigsten Städte des Ogaden ein: Harer, Dschiga und Dire Dawa. Daraufhin stoppte die Sowjetunion alle Waffenlieferungen an Somalia. Denn inzwischen hatte sich die Landkarte am Horn von Afrika merklich geändert. In Äthiopien war Kaiser Haile Selassie längst durch das Militär gestürzt worden und der Sozialist Haile Mariam Mengistu an die Macht gekommen. Moskau musste sich zwischen seinen beiden Verbündeten entscheiden – und beschloss, es mit dem weitaus größeren, mächtigeren und strategisch wichtigeren Äthiopien zu halten. Die Sowjetunion stattete nicht mehr die somalische, sondern die äthiopische Armee massiv mit Waffen aus und schickte darüber hinaus 10 000 bis 15 000 kubanische Soldaten zu deren Unterstützung.

Siad Barre warf daraufhin verärgert alle sowjetischen Berater aus seinem Land und kündigte im November 1977 einseitig den Freundschaftsvertrag mit Moskau. Aber im März 1978 war Somalia geschlagen, seine Armee zog sich fluchtartig aus Äthiopien und dem Ogaden über die Grenze zurück. Siad Barre schien am Ende.

4. Sturz in ein gewaltiges Vakuum

Ein Diktator, der im Krieg nicht reüssiert, verliert die Aura der Unantastbarkeit. Der Ogadenkrieg ging im März 1978 zu Ende. Die Folgen waren fürchterlich. Schon vor dem Militärabenteuer konnte Somalia seine Bevölkerung kaum ernähren. Im Krieg war es noch weiter ausgeblutet. Nach dem Desaster im Ogaden kamen mehr als eineinhalb Millionen hungrige Menschen dazu, die aus Äthiopien nach Somalia flüchteten. Diese Zahl mag von der Regierung in Mogadischu zu hoch angesetzt worden sein, die Vereinten Nationen sprachen von mindestens 700 000 bis 800 000 Menschen. Die Folgen waren dieselben. Jeder vierte Somali war ein Flüchtling. Zudem hatte die militärische Niederlage katastrophale wirtschaftliche Auswirkungen. Die Belastungen konnte das angeschlagene Land nicht aus eigenen Mitteln verkraften.

Diktator Siad Barre verlor den Schein der ewigen Macht und den Nimbus der Unbesiegbarkeit. Sein völlig schief gelaufenes Ogadenabenteuer steigerte die allgemeine Unzufriedenheit. Die Schwächung des ersten Mannes forderte geradezu Machtkämpfe heraus. Der Diktator konnte seine Herrschaft mit nichts mehr rechtfertigen. Der »islamische Sozialismus«, sein ideologisches Deckblatt, war entzaubert. Diese Unsicherheit provozierte den Rückfall in die traditionellen Machtstrukturen und Organisationsschemata der somalischen Gesellschaft: die Klans.

Kurz nach Kriegsende, am 8. April 1978, kam es zu einem Putschversuch. Unzufriedene Offiziere aus dem Madscherten-Klan waren die Anführer. Der Versuch schlug fehl. Putschistenchef Oberst Mohammed Scheich Osman und 17 seiner Mitverschwörer wurden hingerichtet. Einer der Umstürzler, Oberstleutnant Abdullahi Jussuf Ahmed, ein Kriegsheld des Ogadenfeldzugs, konnte nach Äthiopien fliehen. Er gründete dort die Oppositionsbewegung Somali Salvation Front (SSF), die später umbenannt wurde in Somali Salvation Democratic Front (SSDF).

Somalia gehorchte der Gesetzmäßigkeit afrikanischer Diktaturen: Die aktive Opposition floh außer Landes. Nur so konnte sie ihre Arbeit gegen die Tyrannei im eigenen Land fortsetzen, ohne dass ihre führenden Köpfe verfolgt und umgebracht wurden. Und der Nachbar und Rivale Äthiopien war überaus willig, sein Territorium somalischen Rebellen gegen Siad Barre als Rückzugsgebiet zur Verfügung zu stellen.

Auf der anderen Seite wählte auch das angeschlagene Regime in Mogadischu die brutale afrikanische Variante: Siad Barre ließ seine Bluthunde, die Red Berets, von der Leine. Die Spezialtruppe zerstörte systematisch die zum Überleben notwendigen kleinen Wasserreservoirs in der Gegend um Galcaio. Die Sippe der Omar Mahamud Madscherten, die Klanlinie des Putschistenführers Oberst Ahmeds, und ihre Viehherden standen ohne Wasser da. Im Mai und Juni 1979 verdursteten mehr als 2.000 Menschen in der trockenen Nordostregion Muduk nahe den Ortschaften Galcaio, Garowe und Dscheriban. Neben den Menschen verlor der Klan schätzungsweise 50.000 Kamele, 10.000 Rinder und 100.000 Stück Ziegen und Schafe.

Siad Barre ließ die Maske fallen und beging offen Genozid an der eigenen Bevölkerung, nur weil sie einem anderen Klan angehörte, dessen Führung ihn politisch nicht unterstützte. Aber auch das ist eine fürchterliche Eigenart Somalias: Mitglieder des Madscherten-Klans waren während der Jahre der Zivilregierung in Mogadischu recht einflussreich gewesen und hatten als Teilhaber an der Macht viele andere Klanlinien vergrämt. Deshalb erhielten sie in ihrer Not von keiner Seite der somalischen Gesellschaft Unterstützung.

Wie sollte es von hier aus weitergehen mit Somalia und

Siad Barre? Der starke Mann war angeschlagen, Somalias Diktatur hatte seine Schutzmacht Moskau verloren, den Krieg verloren, aber es gab keine breite Oppositionsbewegung, keine Alternative, welche die Macht im Lande hätte übernehmen können. Geschichte aber wird nicht immer nur von Männern und Mächten gemacht, sondern manchmal hat auch der Zufall seine Hand im Spiel. Diesmal sollten Geschehnisse im fernen Deutschland die Entwicklung in Somalia stark beeinflussen.

Am 13. Oktober 1977 entführten arabische Terroristen im Auftrag der deutschen Terrorgruppe »Rote Armee Fraktion« (RAF) die Lufthansa-Maschine *Landshut* mit 91 Menschen an Bord. Die deutschen Terroristen forderten die Freilassung von elf inhaftierten Gesinnungsgenossen, darunter die führenden RAF-Köpfe Andreas Baader, Gudrun Ensslin und Jan-Carl Raspe. Die entführte Maschine flog über Rom, Larnaca, Bahrein, Dubai schließlich nach Aden. Dort ermordeten die Luftpiraten am 16. Oktober Flugkapitän Jürgen Schumann.

Für die Bundesrepublik Deutschland war 1977 das schlimmste Terrorjahr. Die RAF hatte ihre »Offensive 77« ausgerufen. Am 7. April ermordete sie Generalbundesanwalt Siegfried Buback und seine Begleiter in Karlsruhe, am 30. Juni tötete ein RAF-Kommando den Vorstandssprecher der Deutschen Bank, Jürgen Ponto. Dann kam der heiße Herbst. In Köln entführten die Terroristen den Präsidenten des Bundesverbandes der Deutschen Wirtschaft und der Bundesvereinigung der deutschen Arbeitgeberverbände, Hanns Martin Schleyer, seine vier Begleiter erschossen sie. Das war am 5. September. Die Regierung unter Bundeskanzler Helmut Schmidt ging zum Schein auf Verhandlungen mit den Entführern ein. Aber es bewegte sich nichts. So kam es auch noch zur Entführung der *Landshut*. Der Terror erhöhte seinen erpresserischen Druck durch die Geiselnahme eines Passagierflugzeugs. Als Helmut Schmidts Krisenmanager fungierte Hans-Jürgen Wischnewski. Der flog der entführten *Landshut* in einer Bundeswehrmaschine hinterher. Flugkapitän Schumann signalisierte in Dubai, dass vier Palästinenser die Entführer seien. Wenn er über Funk Lebensmittel zur Versorgung bestellte, sagte er am Schluss immer: »Und vier Zigarren.« In Aden erschossen ihn die Luftpiraten.

Der Kopilot musste die Lufthansa-Maschine allein weiter nach Mogadischu fliegen. Somalia als islamisches Land schien den palästinensischen Entführern ein sicheres Rückzugsgebiet zu sein. Der internationale Terrorismus hatte das Land am Horn von Afrika entdeckt. Hans-Jürgen Wischnewski durfte in Mogadischu das Bundeswehrflugzeug zunächst nur allein verlassen. So angespannt war die Lage. Unterdessen kreiste ein zweites Flugzeug der Bundesluftwaffe über Dschibuti, an Bord Männer der Spezialeinheit GSG-9 des deutschen Bundesgrenzschutzes. »Aber für den muslimischen Staatspräsidenten Barre war es nicht einfach zu akzeptieren, dass deutsche Sonderpolizei auf seinem Flugplatz ein Flugzeug stürmt – zumal die Entführer Araber waren«, erinnert sich Wischnewski. Barre wollte die Lufthansa-Maschine von eigenen Sicherheitsleuten stürmen lassen. Wischnewski verhandelte, bot an, deutsche Spezialisten könnten seinen Leuten zeigen, wie man ein Flugzeug von außen aufbricht. Die Somali begriffen, dass sie dies nicht so schnell lernen konnten. »Wir müssen, erstens, 90 Menschenleben retten und, zweitens, Ihre Souveränität voll bewahren«, sagte Wischnewski zu Barre. »Wenn wir Gefangene machen, sind das Ihre Gefangenen.« Barre drehte sich um und erwiderte: »Was, Sie wollen auch Gefangene machen?«

Am 18. Oktober 1977 stürmten Beamte der deutschen GSG-9 die *Landshut* und befreiten alle Passagiere. Siad Barre hatte der deutschen Operation auf somalischem Boden zugestimmt. Krisenmanager Wischnewski hatte ihn überzeugen können. Der Erfolg von Mogadischu brachte Wischnewski den Spitznamen »Ben Wisch« ein. Noch am selben Tag begingen die RAF-Terroristen Baader, Ensslin und Raspe in Stuttgart-Stammheim Selbstmord. Der erfolgreiche Schlag gegen den Terror in Mogadischu aber konnte Hanns Martin Schleyer nicht helfen. Seine Leiche wurde am nächsten Tag in Mülhausen in Frankreich gefunden.

Siad Barre, der erfolglose Feldherr in Äthiopien, wusste den historischen Zufall zu nutzen. In den kommenden Jahren vergoldete er sich sein diplomatisches Entgegenkommen an die Deutschen. Nachdem ihn seine ehemalige Schutzmacht Moskau verlassen hatte und zum Kriegsgegner Äthiopien übergelaufen war, nahm er die einmalige Chance wahr, sich bei den ehemaligen »Klassenfeinden« einzuschmeicheln und die Tür zum Westen aufzustoßen. Dies gelang ihm perfekt. Einen Monat nach der *Landshut*-»Befreiung« kündigte Barre den Kooperationsvertrag mit der Sowjetunion. Die Niederlage im Ogaden war nicht mehr abzuwenden. Aber sofort nach Kriegsende im März 1978 eröffnete die amerikanische Entwicklungshilfeagentur USAID wieder ihr Verbindungsbüro in Mogadischu.

Siad Barre spielte die Ost-West-Karte. Die strategisch so wichtige Lage Somalias am Horn von Afrika, die es ermöglicht, die Gewässer der arabischen Halbinsel und damit auch die Ölrouten zu patrouillieren, war ein nicht zu schlagender Trumpf. Dieser Trumpf stach und half ihm, das Spiel zu gewinnen. Der Westen, allen voran die Vereinigten Staaten von Amerika, füllte die Lücke, die Moskau in Somalia hinterlassen hatte. Die USA schlossen ein Abkommen, das ihren Streitkräften Zugang zu den somalischen Militäreinrichtungen gab. Die U.S. Navy nutzte von nun an die von den Sowjets gebauten Hafenanlagen in Berbera, somalische Offiziere gingen zur Ausbildung in die USA. Als 1982 Äthiopien, der Verbündete Moskaus, gemeinsam mit soma-

lischen Rebellengruppen die Grenze zu Somalia überschritt, halfen die Amerikaner der somalischen Armee
zweimal mit militärischen Luftbrücken, den Feind zurück-
zuschlagen und die territoriale Integrität des Landes zu erhalten. Ursprünglich sagte Washington 45 Millionen Dollar
Militär- und Wirtschaftshilfe zu. Aufgeschreckt durch die
Kämpfe an der äthiopischen Grenze, verdoppelten die
USA diesen Betrag fast auf 80 Millionen Dollar und lieferten, früher als zugesagt, leichte Waffen. Im selben Jahr
schlossen die USA und Somalia einen Verteidigungspakt.
Die neuen westlichen Waffen setzte Siad Barre weniger
gegen die äußere Bedrohung ein als gegen seine Feinde im
Inneren. Bis 1990 blieb Washington dennoch, wenn auch
zunehmend halbherzig und mit deutlich sinkenden Geld-
mitteln, militärischer Bündnispartner der somalischen Diktatur, die ihr eigenes Volk immer brutaler unterdrückte und
schließlich offen Krieg gegen es führte.

Für seine geopolitische Bündnistreue gegenüber dem
Westen wurde Siad Barre mit massiver Entwicklungs- und
überbordender Nothilfe vor allem für die Flüchtlinge im
Lande belohnt. So funktioniert westliche Hilfe, sie hat ihre
Eigenarten und besteht aus sich widersprechenden Kom-
ponenten. Der Empfängerstaat und seine Regierung werden verpflichtet, sich zumindest an der Oberfläche demokratische Strukturen zuzulegen und sich ökonomisch auf
eine marktwirtschaftliche Ausrichtung einzulassen. Dafür
zahlt der Westen Belohnung in Form von so genannter
technischer und direkter finanzieller Hilfe.

Diese Hilfe wiederum soll auch den helfenden Ländern
etwas bringen. Also entsenden die einzelnen Geberländer
ihre »Spezialisten« in die Büros der Ministerien und in Pro-
jekte auf dem flachen Land. Diese westlichen Spezialisten
greifen auf ihnen bekannte westliche Lösungsmodelle
zurück, setzen ihnen vertraute Produkte ein und kaufen
diese zumeist in ihrem Heimatland. Solche ausländischen

Spezialisten kosten viel Geld. Ihre Einkommen – steuerfrei ausbezahlt zwischen 2500 und 5000 Euro im Monat – werden als Teil der Entwicklungshilfe abgerechnet, aber zum Großteil im westlichen Heimatland ausgegeben.

Da ausländische Spezialisten alles besser wissen, werden ihre Ansprechpartner im Empfängerland entmündigt. Deren Eigeninitiative wird systematisch frustriert. Entsteht ein neues Problem, rufen »die Opfer« lieber gleich nach Hilfe von außen, die zur Lösung auch gleich die Finanzierung mitliefert. Das Geberland wiederum will mit seiner Hilfestellung nicht versagen, also löst es auch das nächste Teilproblem und auch das übernächste und das nächste, mit immer größerem Einsatz an Geld und einer steigenden Anzahl an Spezialisten. So wird das Empfängerland von der entmündigenden Hilfe des Auslands immer abhängiger.

Entlang der gut gemeinten Hilfe-Pipelines, in denen für die Menschen in den Empfängerländern unvorstellbare Summen fließen, saugen sich zudem die lokalen Kleptokraten fest. Diese werden dank der reichen Nahrung immer dicker und noch hungriger. Diese korrupten Nutznießer sind zumeist Regierungsbeamte, die mächtigen Politiker des Landes und ihre unmittelbare Umgebung selbst. Denn schließlich sind sie die »gewählten Vertreter«, die Repräsentanten der armen Bevölkerung, die nicht entmündigt werden soll. Am Ende kommt verhältnismäßig wenig an bei denen, die der Hilfe wirklich bedürfen. Und die Mächtigen im Land wissen sehr gut damit umzugehen, Großprojekte der Auslandshilfe zu ihrem eigenen Nutzen, gemäß ihren Interessen und zu ihrem Machterhalt umzuleiten.

Genauso war es in Somalia. Mit ihrem »süßen Gift der milden Gaben« waren außer den USA vor allem Italien und die Bundesrepublik engagiert. Deutschland ließ seine Entwicklungshilfespezialisten der Gesellschaft für Technische Zusammenarbeit, kurz GTZ, ans Horn von Afrika ausschwärmen, beraten, Brunnen bohren, Wälder pflanzen, Straßen bauen, Tiere impfen, Jugendliche ausbilden.

Siad Barre verhielt sich klug und vorhersehbar. Auf westlichen Druck hin ließ er 1979 ein »Volksparlament« wählen. Alle Abgeordneten gehörten freilich seiner Regierungspartei SRSP an. Nach den »freien« Wahlen besetzte er sein Kabinett um und schaffte die drei Vizepräsidenten ab. Kurze Zeit später belebte er den alten Obersten Revolutionsrat wieder. Damit gab es drei parallele, sich überlappende Machtstrukturen innerhalb einer Regierung: das Politbüro der Partei, welches über ihr Zentralkomitee exekutive Macht ausüben konnte, den Ministerrat und dazu noch den Revolutionsrat. Diese Verwirrung und Verwischung der Funktionen hatte nur ein Ziel: die wirklichen Entscheidungsbefugnisse in einer Hand zu bündeln, bei Siad Barre natürlich, zugleich aber den Geberländern Reform und eine Fülle von Mitbestimmungsgremien vorzugaukeln.

Auch außenpolitisch zeigte Siad Barre Wohlverhalten. Mit dem Nachbarland Kenia unterzeichnete er 1984 einen Vertrag, in dem Somalia auf seine »historischen« Ansprüche auf den Nordosten des Nachbarlandes verzichtete. Somalia arbeitete mit Äthiopien und Kenia auch in Gremien zusammen, die die UN und die Europäische Union miterfunden hatten, wie etwa die IGADD, der Inter-Governmental Authority on Drought and Development, mit Sitz in Dschibuti.

Wirtschaftspolitisch schwenkte Somalia nach 1980 vom Sozialismus ab und übernahm die oft geringschätzig als IWF-ism bezeichnete Politik. Der Internationale Währungsfonds (IWF) drängte, gemeinsam mit der Weltbank, auf marktwirtschaftliche Reformen und Abwertung des Somali-Shilling, dafür gab es sehr zinsgünstige Entwicklungskredite und billiges Geld für Infrastrukturmaßnahmen wie Straßenbau, Schulen, Wasserversorgung, Bewaldungsprogramme und günstige Umschuldungen durch den Pariser

Club, einem informellen Gremium der 18 westlichen Geld-gebernationen. Somalia wurde von Restrukturierungspro-grammen ergriffen, Privatisierungsmodellen ausgeliefert, erhielt eine Industrie- und Handelskammer. Auch der Was-serkopf der staatlichen Bürokratie musste Opfer bringen. 5.000 Beamte mussten 1985 gehen. Aber nach Ansicht ex-terner Berater bearbeiteten immer noch 80 Prozent der verbliebenen Bürokraten jeden Vorgang doppelt und drei-fach. Der Staatshaushalt, Futterkrippe für das verlässliche Wahlvolk, konnte nicht saniert werden und musste weiter von außen finanziert werden.

Siad Barre machte alles mehr oder minder brav mit, So-malia geriet fest in die fleißigen Hände der wohlmeinenden Helfer. Das Ergebnis ihres Engagements war erschreckend. Die Produktivität des Landes sank zwischen 1979 und 1986 jährlich um 0,5 Prozent, die Exportrate fiel jedes Jahr um 16,3 Prozent. Das Bruttosozialprodukt wuchs in diesem Zeitraum zwar dank einiger Erfolge in der Landwirtschaft schwach um 0,8 Prozent, aber mit dem gewaltigen Bevölke-rungswachstum konnte es nicht Schritt halten. Nach einer offiziellen Volkszählung machte die Bevölkerung Somalias 1975 ganze 3,3 Millionen Menschen aus. Nach Schätzungen der Vereinten Nationen war die Zahl der Somali bis 1991 aber auf 7,7 Millionen gestiegen.

In dieser Bevölkerungszahl nicht enthalten waren die Flüchtlinge, die seit dem Ogadenkrieg in Somalia im dop-pelten Sinne als politische Waffe missbraucht wurden. Zum einen waren sie für Siad Barre und sein Regime eine stän-dige Einnahmequelle und die Gewähr, dass das Ausland dem Land weiterhelfen werde. Flüchtlinge sind eine huma-nitäre Angelegenheit. Menschen in Not lässt die westliche Welt nicht im Stich. Solange es Flüchtlinge gibt, erreicht das Land Hilfe. Solange Hilfe kommt, lässt sich diese zum eige-nen Nutzen missbrauchen. In Somalia wurde dieser Kreis-lauf perfektioniert.

Siad Barre wusste genau, wie er die humanitäre Geld-quelle am Sprudeln hielt. Zum einen ließ er die Flüchtlinge nicht aus den Camps. Das Ausland und der Hohe Flücht-lingskommissar der Vereinten Nationen (UNHCR) ver-sorgte und umsorgte die Flüchtlinge. Den Menschen in Camps ging es besser, als wenn sie sich in einem verarmten Land wie Somalia wieder eine eigene Existenz hätten auf-bauen müssen. In den Camps entlang der äthiopischen Grenze gab es kostenlose Versorgung mit Lebensmitteln, mit Wasser, es gab medizinische Betreuung. Die meisten Somali außerhalb der Camps lebten schlechter.

Zudem benutzte Siad Barre die Flüchtlingsmassen aus dem Ogaden für seine gezielte Machtpolitik. Barre war mütterlicherseits selbst ein Ogaden, die Flüchtlinge also dem Regime über Klanlinien verbunden. Der Diktator nahm zudem für sich die ausländische Hilfe in Anspruch und ließ sich gegenüber den Vertriebenen selbst als spen-dender Wohltäter in Szene setzen. Er hatte seine Aufpasser und ideologischen Einpeitscher in jedem der Camps. Darü-ber hinaus zwang das Barre-Regime den UNHCR, die Flüchtlingslager genau in den Gebieten zu betreiben, in denen andere Klans ihre angestammten Weiden und Sied-lungen hatten. Zum Beispiel in Belet Huen, wo später während der UN-Mission die Bundeswehr stationiert wurde und das immer ein Zentrum des Habirgedir-Klans war. Andere große Flüchtlingscamps lagen in Regionen der Isak. Beide Klanfamilien, die Isak als auch die Hawije, zu denen die Habirgedir gehören, waren von der Zentral-macht ausgeschlossen und standen in Opposition zum Re-gime in Mogadischu. Also wurden ihnen die Gebiete und damit die Überlebenschancen für ihre Menschen und Her-den streitig gemacht.

Die Zwangsaussiedlungen sind nur ein Beispiel dafür, wie skrupellos Somalias Diktator Siad Barre die Flücht-lingsproblematik nach dem Ogadenkrieg für seine Machtpolitik missbrauchte. Niemand hat diesen wahnsinnigen Kreislauf, auf den sich die Vereinten Nationen und alle Geberländer sehenden Auges einließen, besser beschrieben und verurteilt als Michael Maren, selbst Mitarbeiter des Kinderhilfswerks UNICEF zu dieser Zeit in Somalia. Seinem Buch gab er den Titel *Weg zur Hölle, die zerstörerischen Auswirkungen ausländischer Hilfe und internationaler Almosen.* Somalia ist sein Fallbeispiel.

Siad Barre sicherte seine Macht mithilfe seiner neuen Freunde im Westen. Äthiopien, unterstützt von Moskau, »säuberte« zwar den Ogaden Anfang der 1980er-Jahre auf brutalste Weise von ihm feindlich gesonnenen Somali. Aber als es 1982 im Verbund mit oppositionellen somalischen Rebellen die Grenze überschritt, halfen die USA und ihre Verbündeten dem Regime sofort, ihre neue Einflusszone abzusichern. Innenpolitisch sah Siad Barre seine Popularität sinken. Der bewaffnete Widerstand nahm zu. Dem begegnete er mit repressiven Maßnahmen. Er zwang mit brutalen Terrormethoden aufkeimenden Widerstand nieder, der sich entlang der Klanlinien der Madscherten, der Hawije und Isak organisierte. Dazu hatte der Präsident seine Red Berets, die *Dub Cas,* jene Eliteterroreinheit, die sich aus Mitgliedern seines eigenen Marehan-Klans rekrutierte. Trotz aller Widrigkeiten schien es deshalb Anfang 1986 so, dass Siad Barre wieder fest im Sattel säße.

Doch seine Macht hing bereits an einem seidenen Faden. Dies zeigte sich am Abend des 23. Mai 1986. Siad Barre wurde bei einem Autounfall schwer verletzt. Vorübergehend sah es so aus, als ob das Regime seinen Kopf verloren habe. Sofort brach eine regelrechte Palastrevolte aus. Denn Siad Barres Macht in Somalia war weder politisch-ideologisch noch religiös zu rechtfertigen. Längst war sie von innen ausgehöhlt und speiste sich allein aus einer Quelle, und die hieß: Siad Barre. Zum Zeitpunkt des Autounfalls – der Präsidentenwagen raste unweit von Mogadischu in einen Bus – war Siad Barre bereits ein alter Mann, zudem litt er an chronischer Diabetes. Er zog sich schwere Kopf- und Brustverletzungen zu und wurde zur Behandlung nach Dschidda ausgeflogen. Umso überraschender war, dass er schon nach wenigen Wochen angeblich so weit genesen war, dass er offiziell die Regierungsgeschäfte wieder übernehmen konnte.

Aber der Machtkampf unter hohen Armeeoffizieren und ihren Anhängern, die alle dem Präsidentenklan der Marehan entstammten, lähmte das Land. Vereinfacht sind zwei Gruppierungen zu unterscheiden, die bei dieser Palastrevolution um die ganze Macht im Staate kämpften: die so genannte Verfassungsfraktion und die Klanfraktion.

Die erste Gruppe führte Vizepräsident und Brigadegeneral Mohammed Ali Samantar an. Dazu gehörten auch der zweite Vizepräsident, Generalmajor Hussein Kulmiye, und die Generale Ahmed Suleiman Abdullah und Ahmed Mohammed Farah. Diese vier bildeten, zusammen mit dem Präsidenten, das Politbüro der Regierungspartei SRSP.

Ihnen gegenüber stand eine Gruppe, die sich ausnahmslos aus dem Marehan-Klan des Präsidenten rekrutierte und sich auf nahe Verwandte von Siad Barre stützte, darunter seinen Bruder Abdirahman Jama Barre sowie den Präsidentensohn, Oberst Masleh Siad, und natürlich Mama Chadidscha, die Hauptfrau von Siad Barre. Die First Lady war eine machtvolle Person. Sie hielt sich ihren eigenen Geheimdienst, verfügte über beste politische Kontakte und war sich der Unterstützung einer großen Zahl einflussreicher Personen sicher, die alle durch ihre Patronage zu Ruhm, Einfluss und Geld gekommen waren.

Auf eine solche Erschütterung der eigenen Machtsäulen hatte die Diktatur nur eine Antwort: Sie reagierte mit Säuberungen. Im November begannen die Red Berets, das Land mit einer Kampagne des Terrors und der Einschüchterung zu überziehen. Unzuverlässige Kantonisten wurden

aus den Ministerien geworfen, kompetente Karriereoffizie-
re bei Verdacht auf wankelmütige Loyalität zum Präsidenten aus der Armee entlassen. Noch im selben Monat hielt
die Regierungspartei ihren dritten Parteitag ab. Auch in der
Partei räumte Siad Barre auf. Das Zentralkomitee wurde
neu besetzt, als einziger Kandidat ließ er sich für weitere sieben Jahre als Präsident bestätigen. Noch war die Opposition
schwach, gespalten entlang der Klanlinien. Siad Barre nutzte das Überraschungsmoment. Aber die Gegenkräfte wurden stärker, vor allem, nachdem immer klarer wurde, dass
die persönliche Macht des Präsidenten brutal und aus-
schließlich über Klansolidarität abgesichert werden sollte:
Mitglieder der Madscherten und Isak in der Regierung wurden durch Leute des Präsidentenklans der Marehan ersetzt.

Kein Land lässt sich auf die Dauer gegen die Mehrheit
seiner Bevölkerung regieren. Noch lenkte Siad Barre von
seinen internen Schwierigkeiten ab, setzte auf die außenpolitische Karte, um sich auf der internationalen Bühne den
Rücken frei zu halten für den Terror, den er im eigenen
Land verbreitete. Im März 1988 stattete der deutsche Bun-
despräsident Richard von Weizsäcker Somalia einen
Staatsbesuch ab, im April unterzeichnete Somalia ein Frie-
dens- und Grenzabkommen mit Äthiopien. Aber der Anfang vom Ende hatte bereits begonnen.

1988 war das Jahr, in dem in Somalia der Bürgerkrieg
offen ausbrach. Siad Barre stand mit Teilen seiner eigenen
Nation im Kriegszustand. Auf seine Anweisung hin bombardierte die somalische Luftwaffe Städte im Norden, griff
Zivilisten genauso an wie Rebellenziele. Die Höflinge um
ihn erkannten die Zeichen der Zeit. Sie spürten den inneren Verfall der Diktatur. An deren Busen hatten sie sich bisher genährt. Aber keiner wusste, wie lange diese Macht
noch bestehen bliebe. Also griffen sie zur Selbsthilfe, um für
ihre ganz persönliche Zukunft vorzusorgen, und plünderten
die öffentlichen Kassen.

Politische Opposition war gegen das rigide, an Klan-linien entlang organisierte Regime von Siad Barre kaum möglich gewesen. Jeden Widerspruch hatte die Diktatur mit Gewalt beantwortet. Also hatte sich die Opposition seit Mitte der 1980er-Jahre immer stärker militärisch organi-siert und Äthiopien und hier den Ogaden zu ihrem Auf-marschgebiet gemacht. Die drei größten Rebellenbewe-gungen der Opposition, die so entstanden, waren: im Norden die Somali National Movement (SNM), in Zentral-somalia der United Somali Congress (USC) und im Süden die Somali Patriotic Movement (SPM).

Im Mai 1988 nahm die Somali National Movement (SNM) als Erste den Krieg gegen das Barre-Regime auf. Diese Rebellen- und Oppositionsbewegung war eine Orga-nisation der Klanfamilie der Isak. Die Isak fühlten sich im neuen Somalia von Anfang an sowohl als Klan als auch als Region benachteiligt. Seit der Unabhängigkeit und Vereini-gung mit dem Süden hatte es deshalb immer wieder Aus-brüche gegen die Zentralregierung in Mogadischu gegeben. Die SNM aber wurde klar mit dem Ziel ins Leben gerufen, Diktator Siad Barre zu stürzen. 500 Isak-Emigranten hat-ten die Organisation am 6. April 1981 in London gegründet. Bereits im folgenden Jahr verlegte die SNM ihr Haupt-quartier in die äthiopische Stadt Dire Dawa. Von dort aus unternahm sie Guerillaangriffe, die sich aber auf die Grenz-regionen Wokoyi Galbed und Togdher beschränkten.

Mit dem offenen militärischen Schlagabtausch begann-nen die Isak erst 1988. Ihre SNM eroberte am 27. Mai die Stadt Burao und vier Tage später Teile von Hargeisa, der zweitgrößten Stadt Somalias. Diese Provokation ließ sich das Militärregime nicht gefallen. Im Juni schlug es zurück. Die Luftwaffe bombardierte beide Isak-Städte. Hargeisa wurde dem Erdboden gleichgemacht. Militärgouverneur der Region zu dieser Zeit war General Mohammed Hersi »Morgan«, ein Schwiegersohn des Präsidenten. Durch seine brutalen Militäraktionen gewann er den Beinamen »Schlächter von Hargeisa«. Der Diktator schickte sein letztes Aufgebot. Befehlshaber der Regierungstruppen war sein Cousin, General Mohammed Haschi Gani. Siad Barres Diktatur war eine Familienangelegenheit geworden.

Die SNM-Kämpfer mussten sich zurückziehen. Mehr als 300 000 Isak flohen nach Äthiopien. Und die Schergen Siad Barres rächten sich fürchterlich an den Zurückgebliebenen. Ihre Methoden ähnelten dem unmenschlichen Vorgehen neun Jahre zuvor gegen die Sippschaft des erfolglosen Putschistenoberst Ahmed. Diesmal zerstörten Regierungstruppen und Milizen die Wasserreservoirs und Weidegründe der Isak und vergewaltigten deren Frauen. Zwischen Ende Mai und Dezember 1988 sollen mehr als 5.000 Isak gestorben sein, 4.000 davon während der Kämpfe. Mit welcher Brutalität aber die Regierungseinheiten vorgingen, belegt eine andere Zahl: 1.000 Zivilisten, darunter viele Frauen und Kinder, sollen mit Bajonetten erstochen worden sein.

Die in Zentralsomalia und im Süden des Landes operierenden Bewegungen USC und SPM rekrutierten sich zumeist aus den Klanfamilien der Hawije und Darud. Auch deren Milizen begannen mit Anschlägen und Attentaten. Siad Barre, zunehmend in die Enge getrieben, griff zu noch mehr brutaler Repression und offener Gewalt. Doch immer mehr seiner Soldaten desertierten. Die Regierung verlor Stück um Stück die Kontrolle über das Land. Zuletzt verspotteten seine Gegner Siad Barre als »Bürgermeister von Mogadischu«.

Siad Barre und sein Restregime standen mit dem Rücken zur Wand. Aber noch saß der Diktator in der Hauptstadt. Tagsüber kam es in Mogadischu zu Sabotageakten, nachts regierten die Heckschützen die Straßen der Stadt. Siad Barre begann in Panik zu verfallen. Mord und Folter waren an der Tagesordnung. Die Ermordung des Bischofs von Mogadischu, Salvatore Colombo, am 9. Juni 1989 war schließlich der Auftakt blutiger Massaker ohne Beispiel. Der Befehl zum Mord am Bischof erging direkt aus dem Präsidentenpalast, zumindest glauben das alle Somali. Siad Barre, der sich 1969 nach einem unblutigen Militärputsch an die Spitze Somalias gesetzt hatte, färbte jetzt die staubigen Straßen seiner Hauptstadt Mogadischu blutrot. Er schickte den Rest der bereits stark demoralisierten, dafür umso brutaler um sich schlagenden Red Berets los.

Nur Tage nach dem Mord an Bischof Salvatore Colombo demonstrierten Muslime am 14. Juli 1989, einem Freitag, gegen die Festnahme ihres geistlichen Führers. Die Red Berets schlachteten 450 der Demonstranten ab, mehr als 1.000 wurden schwer verletzt. Einen Tag später, am Samstag, verschleppten die Red Berets 47 Menschen an den Jasira-Strand westlich von Mogadischu und richteten sie hin. Fast alle Hingerichteten waren Mitglieder der Klanfamilie der Isak aus dem Norden.

Die Julimassaker schockierten Siad Barres Verbündete, allen voran die USA. Washington begann sich von dem Diktator zu distanzieren. Den Berichten der amerikanischen Menschenrechtsorganisation »Africa Watch« zufolge töteten die Truppen Siad Barres in dieser Endphase der staatlichen Zentralmacht mehr als 50.000 Zivilisten. Über 400.000 Somali flohen demnach ins Ausland, noch einmal so viele wurden im Land aus ihren Hütten und von ihren Höfen vertrieben und streunten heimatlos umher. Alle Menschenrechtsorganisationen kamen zu demselben Urteil wie Amnesty International: In Somalia wurden die Menschenrechte »anhaltend« und »systematisch« verletzt.

Siad Barre verlor seinen immer schon zweifelhaften Ruf als pragmatischer Politiker gänzlich. Ihm und seinem Regime blieb kaum noch ein Ausweg offen. Ohne die Unterstützung seines wichtigsten Alliierten Washington wurde das Barre-Regime immer schwächer und desperater. Also schlug es wild um sich. Ein Jahr später, am 6. Juli 1990, fand im großen Fußballstadion der Hauptstadt eine Anti-Siad-Barre-Demonstration statt. Die Protestveranstaltung artete in Ausschreitungen und Plünderungen aus. Siad Barres Leibwächter gerieten in Panik und eröffneten das Feuer auf die Demonstranten. Mindestens 65 Personen starben.

Der wachsende Volkszorn ließ sich nicht mehr eindämmen. Mitglieder einer Vereinigung von insgesamt 114 angesehenen Bürgern, der so genannten Manifesto-Gruppe, hatten im Mai 1990 einen Aufruf unterzeichnet, der freie Wahlen und die Einhaltung der Menschenrechte forderte. Die 46 Angeklagten dieser Gruppe wurden zum Tode verurteilt. Während des Schauprozesses umstellten Demonstranten das Gerichtsgebäude und brachten die Geschäftigkeit der Hauptstadt regelrecht zum Stillstand. Und was keiner erwartet hatte: Zum ersten Mal in 20 Jahren gab Siad Barre nach. Sichtlich gezeichnet verwarf er am 13. Juli 1990 die Anschuldigungen. Mogadischu feierte. Siad Barre aber brachte sich vor dem Volkszorn in Sicherheit, er versteckte sich in einem Bunker in der Kaserne neben dem Internationalen Flughafen.

Der Bürgerkrieg war für ihn nicht mehr zu gewinnen. Also versuchte es Siad Barre plötzlich mit Politik und Reformankündigungen, versprach Neuwahlen, trat als Generalsekretär der Regierungspartei zurück, setzte eine Übergangsregierung ein. Zu wenig und zu spät. Die Totenglocke für sein ungerechtes Regime läutete schon laut und deutlich. Im August forderten die Amerikaner und alle anderen westlichen Staaten ihre Botschaftsangehörigen und nicht diplomatischen Statsangehörige auf, das Land zu verlassen. Im November reduzierten die Vereinten Nationen ihre Mitarbeiterzahl im Land auf ein Minimum. Der USC in Zentralsomalia und die SPM im Süden hatten soeben beschlossen, von nun an ihre Aktionen zu koordinieren.

Im Dezember begannen die ersten Angriffe auf die Hauptstadt Mogadischu, die meisten Stadtteile fielen noch vor Jahresende unter Rebellenkontrolle. Als am 27. Januar

1991 dann der Sturm auf den Präsidentenpalast begann, floh Siad Barre förmlich in letzter Minute in einem Panzer aus der Stadt. Er verschanzte sich in seinem Heimatort Guerba-Harre im Süden. Noch einmal versuchte er, Mogadischu mit Waffengewalt zurückzuerobern. Vergeblich. Erst im Mai 1992 verließ er Somalia. Er erhielt zunächst Asyl in Kenia und schließlich in Nigeria. Dort starb Siad Barre in Lagos im Januar 1995. Er hinterließ mehrere Frauen und mindestens 25 Kinder.

In Somalia gaben inzwischen andere Männer den Ton an. Und einer, der am meisten von sich reden machte, war Mohammed Farah Aidid. Dieser wurde 1935 als Mohammed Farah Hassen in Belet Huen – später Einsatzort deutscher Soldaten unter UN-Flagge – im damals Italienisch-Somaliland geboren. Seine Mutter gab ihm den Namen Aidid: »Der ohne Schwächen«. Seine Kriegerkarriere begann 1954 schon unter den italienischen Kolonialherren. Die schickten ihn und 13 andere – darunter den späteren Diktator Siad Barre – zur Kadettenausbildung nach Italien. Aidid wurde Polizeioffizier. 1959 ging er zum Militär, seine weitere Ausbildung erhielt er in der Sowjetunion, damals Schutzmacht Somalias.

Aidid war am Militärputsch von Barre 1969 nicht beteiligt, weil er, wie es heißt, selbst einen Umsturz plante. Nach der Machtübernahme von Siad Barre verschwand Aidid sechs Jahre im Gefängnis. Erst nach einem Nervenzusammenbruch wurde er entlassen und kurz darauf Direktor von Aspima, dem staatlichen Monopol für Arzneimittel im damals sozialistischen Somalia. Schon ein Jahr später aber beförderte Barre ihn zum Obersten. Aidid kämpfte 1977 gegen Äthiopien im Ogadenkrieg. Als Anerkennung für seine militärischen Leistungen wurde er Somalias Botschafter in Indien.

Von dort aber riefen ihn die Ältesten der Hawije-Klanfamilie in die äthiopische Hauptstadt Addis Abeba zurück. Sie brauchten einen Militär, um Siad Barre vom Marehan-

Klan zu stürzen. Aidid galt als einer der besten Offiziere. Er sagte Ja und baute die militärische Streitmacht des United Somali Congress (USC) auf. Während des Befreiungskampfes gegen das Barre-Regime trugen Aidid und die Habirgedir die Hauptlast. Sie stießen aus Äthiopien über Zentralsomalia gegen Mogadischu vor.

Aidid war ein Habirgedir, aber er war kein Klanchef oder traditioneller Führer. Aidid war ein Kriegsherr, ein *warlord,* der seine Macht auf die physische Gewalt seiner Kämpfer stützte, traditionell dabei aber immer noch an das Votum der Klanältesten gebunden war. Sein schärfster Rivale in Mogadischu war Ali Mahdi Mohammed von derselben Klanfamilie der Hawije, aber von einer anderen Klanlinie: der Abgal. Die Abgal lebten schon lange in der Region in und um Mogadischu. Bis zum Sturz von Siad Barre teilten sich Aidid und Ali Mahdi die Macht, zerstritten sich dann aber schnell. Denn als Aidid die Hauptstadt erreichte, hatte Ali Mahdi im Norden Mogadischus das Machtvakuum schon ausgenutzt und sich zum Präsidenten ausgerufen. Der blutige Kampf der Klans, Milizen und Räuberbanden um Mogadischu und damit um die Macht in ganz Somalia begann.

Beim Sturz des Diktators Siad Barre und seiner Somali Revolutionary Socialist Party (SRSP) waren die dominierenden Oppositionskräfte des Landes noch im United Somali Congress (USC) organisiert. Aber die dann einsetzenden blutigen Machtkämpfe hinterließen im politischen Spektrum eine Vielzahl von Gruppen, Milizen, Verbände und politisch-militärische Organisationen, die alle auf der Basis der Klans oder Subklans parteiähnliche Strukturen herausbildeten. Dieses »Parteienspektrum« veränderte sich zwar häufig durch Spaltungen und wechselnde Allianzen, aber rasterartig filterten sich sieben Hauptströmungen heraus.

Dies war zum einen die Somali National Alliance (SNA), die sich immer wieder in zwei rivalisierende Fraktionen, Mohammed Farah Aidid und Osman Hassan Ali »Ato«, spaltete. Beide gehörten dem Habirgedir-Klan der Hawije-Klanfamilie an. Ihr Einfluss beschränkte sich hauptsächlich auf den Süden Mogadischus, Teile der Banadir-Region und den Lauf des Schebelles; nach Aidids Tod 1996 übernahm dessen Sohn Hussein Mohammed die offizielle Führung und auch die Kontakte des Vaters nach Jemen, Eritrea, zur Oromo Liberation Front (OLF) in Äthiopien sowie zu der militantislamistischen großsomalischen Gruppierung al-Ittihad. Unmittelbarer Rivale der SNA in Mogadischus Norden war die Somali Salvation Alliance (SSA) von Ali Mahdi Mohammed, einem Abgal, ebenfalls aus der Klanfamilie der Hawije.

Die südliche Küstenstadt Kismaio versuchte die Somali National Front (SNF) unter General Omar Masaleh zu dominieren. General Omar war ein Marehan, die zur Klanfamilie der Darud gehören. Sein Widersacher in Kismaio war die Somali Patriotic Movement (SPM) unter General »Morgan« Mohammed Siad Hersi, ebenfalls aus der Darud-Großfamilie, aber vom Subklan der Madscherten und Schwiegersohn von Diktator Siad Barre und seit seiner Zeit als Militärgouverneur im Norden auch als »Schlächter von Hargeisa« bekannt. Die Rahanwajn Resistance Army (RRA) von Mohammed Hassan Nur »Schatigudud« kontrollierte die Bay- und Bakol-Region, das Stammgebiet der Rahanwajn. Dann gab es noch die Somali Salvation Democratic Front (SSDF), die unter Führung von Abdullahi Jussuf Ahmed stand, einem Madscherten aus der Klanfamilie Darud; die SSDF wurde quasi die Regierungspartei der »autonomen Region Puntland« im Nordosten Somalias.

Als einzige Gruppierung bekannte sich die militant-muslimische al-Ittihad zur Vision eines Großsomalias und forderte die Vereinigung aller am Horn von Afrika lebenden Somali unter dem Banner des Islam. Schon allein deshalb wurde sie von Äthiopien bekämpft, war aber von Anfang an mit der Aidid-Fraktion verbündet.

Das ehemalige Britisch-Somaliland im Norden und seine Somali National Movement (SNM) gingen nach den Wirren des Befreiungskampfes wieder seinen ganz eigenen Weg. Gegen Diktator Siad Barre war die SNM eine Koalition mit dem USC und der Somali Patriotic Movement (SPM) eingegangen, aber im Kampf um die Herrschaft in Mogadischu verdrängt worden. Die Klanfamilie der Isak berief daraufhin eine Nationalkonferenz, eine *Schir,* in Berbera ein. Nach wochenlangen Debatten votierten die Klanältesten und religiösen Führer im März 1991 gegen den Verbleib bei Somalia. Am 18. Mai rief die SNM-Führung einseitig die Unabhängigkeit der Republik Somaliland aus. Deren erster Präsident wurde SNM-Chef Abdulraham Ahmed Ali Tur. Und in den folgenden Jahren erlebte die Republik Somaliland im Norden des Landes ein ganz anderes Schicksal als der Süden (siehe hierzu Kapitel 9).

Denn der Süden ging derweilen im Chaos aus Hunger, Dürre, Gewalt und Anarchie unter. Im Sommer 1992 waren nach Schätzungen der UN 1,5 Millionen Menschen in Somalia unmittelbar vom Tod bedroht, weitere 4,5 Millionen Menschen mussten hungern. Das letzte Mal hatte es ein Jahr zuvor ein wenig geregnet, aber die Trockenheit dauerte schon länger als drei Jahre an. Nomaden und Bauern am Horn von Afrika hatten zwar über Jahrhunderte gelernt, mit den natürlichen Widrigkeiten ihrer Umgebung fertig zu werden. Aber zu der Trockenheit und Dürre kam der Befreiungskampf gegen Siad Barre und danach der Bürgerkrieg unter den Siegern. So war diese Hungersnot weniger eine Naturkatastrophe als von Menschen verschuldet.

Die lose Allianz der Widerstandsgruppen hatte sich schon kurz nach dem Sturz von Siad Barre aufgelöst. Nicht nur das Bündnis der seit langem in Nordsomalia für Unabhängigkeit kämpfenden Somali National Movement (SNM) mit dem jüngeren United Somali Congress (USC) in der Hauptstadt Mogadischu zerbrach, als der USC Ali

Mahdi zum Interimspräsidenten ausrief. Auch der Süden, die Heimat von Siad Barre, beantwortete den Machtanspruch des USC mit Gewalt. Schließlich bekämpften sich innerhalb des USC die Todfeinde Ali Mahdi und General Mohammed Farah Aidid. Das Land zerfiel in ethnische Mosaiksteine, Einfluss- und Machtzonen. Und in diesem Chaos blieb im Frühjahr 1992 wieder der Regen aus.

Obwohl es seit Anfang des Jahres 1992 laute Warnungen vor allem des Internationalen Roten Kreuzes gab, die die Katastrophe vorhersagten, lief eine internationale Luftbrücke erst in der letzten Augustwoche voll an: Vom kenianischen Mombasa aus flogen nun die Amerikaner mit acht Herkules- und vier Starlifter-Transportern Hilfsgüter von USAID und dem Roten Kreuz nach Somalia. Aus Sicherheitsgründen landeten ihre Maschinen meist nur in größeren Städten wie Belet Huen oder auch in Wadschir in Kenia nahe der Grenze zu Somalia. Vom 25. August an pendelten auch kleinere Transall-Maschinen der deutschen Bundesluftwaffe für das UN-Welternährungsprogramm (WFP) nach Mogadischu und in kleinere Orte im Landesinneren wie Bardera oder Hoddur. Viele Hilfsorganisationen hatten zudem privat Flugzeuge gechartert. Das Rote Kreuz lieferte auch per Lastwagen über die kenianische Grenze und per Schiff an die somalische Küste. Die internationale Maschine der humanitären Hilfe war angesprungen.

Doch aus Mogadischu kamen immer wieder entmutigende Meldungen. Dort verschwanden ganze Hilfslieferungen, lösten sich Hilfskonvois mit Hunderten von Tonnen Lebensmittel und Fässern voll Flugbenzin scheinbar in Luft auf. Den waffenlosen UN-Beobachtern, die versuchten, in Mogadischu nach dem Rechten zu sehen, waren die Hände gebunden.

Mogadischu im September 1992 war ein Ortstermin im Vorhof der Hölle. Näherte man sich der somalischen Hauptstadt auf dem Landweg, ging es zunächst durch afri-

kanische Idylle: Lehmhütten, so genannte *munduls*, Viehherden in der nach schwachen Regenfällen hier in der küs-
tennahen Region wieder ergrünten Landschaft, aufgeregte
Hirten, die ihre Kamele von der Fahrbahn trieben, und
blühende Kakteen. Dann kam der erste Blick auf Mogadischu: Die Landschaft fiel sanft zum Meer hin ab, aus der
Ferne bildeten die flachen Häuser die mediterrane Silhou-
ette eines süditalienischen Hafenstädtchens. Schon ein paar
Kilometer weiter aber waren die Spuren des Terrors un-
übersehbar. Von den Studentenwohnheimen rechts und
links der Hauptstraße standen nur noch Gerippe, zerschos-
sene Mauern ohne Fenster und Dächer. Von der amerikanischen Botschaft war nur noch die lange Mauer intakt mit
ihrem mit Glasscherben gespickten Beton, die Gebäude dagegen – geplündert, zerschossen, geschleift.

Kein Haus, das keine Einschusslöcher hatte, leer geplündert oder ganz zerstört war. Die Medina, die Altstadt,
lag in Schutt und Asche. Quer durch die Stadt lief die Front-
linie zwischen den Einflusszonen von Ali Mahdi und Mohammed Farah Aidid – die so genannte »grüne Linie«.
Stromleitungen gab es nicht mehr in Mogadischu. Sie
waren eingeschmolzen und als Kupfer ins Ausland verschoben worden. Als die Ausländer und Diplomaten im Januar
1991 fluchtartig die Stadt verließen, wurden zunächst ihre
Häuser geplündert, bald darauf kam die übrige Stadt an die
Reihe. Nur auf dem ägyptischen Botschaftsgebäude flatter-
te noch symbolisch die Flagge. Gegenüber starrten die lee-
ren Fensterhöhlen des von den Nordkoreanern erbauten
Polytechnikums blind auf das Chaos. Die Fensterrahmen
waren herausgerissen, das Aluminium ließ sich verkaufen.
Von einer kompletten, computergesteuerten Fleischfabrik,
die die Italiener im Norden gebaut hatten, standen nur
noch Grundmauern. Die Infrastruktur war vollständig zer-
legt und von Kriegsgewinnlern außer Landes geschafft
worden. Die Stadt war tot. In ihren Ruinen versteckten sich

fast zwei Millionen Menschen, die der Hunger hierher getrieben hatte in der trügerischen Hoffnung, in der Hauptstadt der Hilfe näher zu sein.

Aber Ali Mahdi und Aidid führten Krieg. Seitdem herrschten in Mogadischu blankes Chaos und Anarchie. Mindestens drei Subklans der Hawije-Großfamilie bekämpften einander, bewaffnete Banditenhorden machten Jagd auf Essbares, mächtige Händler unterhielten Privatarmeen, um Waffen, Lebensmittel und das aufputschende Rauschmittel Kat mit großem Profit ins Land zu schmuggeln. Somalia war zerfallen in ungeordnete Einzelteile eines verwirrenden Puzzles verschiedenster und wechselnder Einflusssphären von rivalisierenden Kriegsfürsten, Klans und Räuberbanden. Dazu die lange Dürre, die das Land verwüstet hatte.

In Mogadischu herrschte nur noch das Recht des Stärkeren, der den Schwächeren frisst. Durch die Trümmer dieser Apokalypse rasten Pritschenwagen, so genannte *technicals,* auf deren offenen Ladeflächen Maschinengewehre oder Lafetten für Mörsergranaten geschweißt waren. Junge Männer, Patronengurte über der Brust gekreuzt, lungerten mit glasigen Augen an Häuserecken, kauten Kat und hielten ihre AK-47-Kalaschnikows bereit. Und sie hatten keine Hemmungen, auf alles zu schießen, auch auf Helfer.

Keiner, der eine Waffe hatte, wollte das von ihm eroberte Stückchen scheinbarer Macht teilen, keiner sich eine Blöße geben, schon gar nicht jemandem den schutzlosen Rücken zeigen. Wer keine Waffen hatte, war ein Niemand. Außer den internationalen Hilfsorganisationen, die versuchten, Lebensmittel für die Hungernden in die Stadt zu transportieren, war keiner mehr da aus der anderen Welt. Also wurden die Helfer als Gewinn bringende und hilflose Einnahmequelle ausgenommen, mussten Tribut entrichten, um den Menschen ohne Waffen eine Überlebenschance zu geben. Die Landung einer Hercules- oder Transall-Maschine mit Hilfsgütern kostete 300 Dollar, ein Lastwagen für den Transport der Hilfsgüter war für 150, ein Geländewagen für 50 Dollar am Tag zu haben. Hinzu kamen der Fahrer und ein paar mit Maschinengewehren bewaffnete »Wächter« für 30 bis 40 Dollar und mehrere *technicals* zum Geleitschutz. Doch diese »Sicherheit« blieb mehr als vage. Längst waren die Hilfsorganisationen zu Gefangenen ihrer eigenen so genannten Beschützer geworden.

Aus dem Hafen von Mogadischu kam nichts mehr heraus. Dort lagerten 100 Tonnen Hilfsgüter, Nahrungsmittel für die Hungernden, die durch Bürgerkrieg und Dürre alles verloren hatten. Doch die rivalisierenden Klans hielten sich im Hafen mit je 450 Kämpfern gegenseitig in Schach. »Die Spannung ist sicherlich auch ein Vorbote für den Einsatz der UN-Soldaten. Viele hier haben Angst, ihren Job zu verlieren«, meinte der Schweizer Dominik Stillhart, der für das Internationale Rote Kreuz in Mogadischu die Einsätze koordinierte. Die ersten 500 bewaffneten Blauhelme waren noch für September angekündigt. Insgesamt sollten 3.500 Soldaten kommen, um den Hafen zu kontrollieren und die Verteilung der Hilfsgüter zu ermöglichen. Nicht nur die Hilfe musste von außen kommen, auch die Ordnung, damit geholfen werden konnte. Ohne militärischen Schutz waren die Helfer den Kriegsführern und Banditen wehrlos ausgeliefert.

Aber schon damals sagte General Aidid, der Löwe von Somalia, wie er sich gern nennen ließ, vor laufenden Kameras der internationalen Journalisten: Er habe nichts gegen 500 Soldaten, doch mehr brauche es nicht. Er befehlige 6.000 Mann, die könnten für Sicherheit sorgen. Zudem gebe es den Passus der UN-Resolution, dass vor einem UN-Einsatz alle beteiligten Parteien gefragt werden müssten. An ihn habe sich aber niemand gewandt. Eine unverhohlene Drohung, die der *warlord* bald wahrmachen sollte.

5. Der missglückte Modellversuch

Die Vorstellung begann pünktlich um 4.30 Uhr morgens. Aus der schäumenden Brandung des Indischen Ozeans tasteten sich, riesigen Echsen aus grauer Vorzeit gleich, vier Amphibienfahrzeuge vorsichtig an den Strand. Kaum waren sie entdeckt, ging ein Blitzlichtgewitter auf sie hernieder, grelle Fernsehscheinwerfer blendeten die Untiere aus gepanzertem Stahl. Mühsam wühlten sich diese vor den Augen der Weltöffentlichkeit durch den feinen Sand die Dünen herauf. Dann kam ihr erster Triumph. Erleichtert stürzten sich die Ungeheuer aus der anderen Welt mit dröhnenden Dieselmotoren von der Spitze der Sanddüne herunter und nahmen Kurs auf den nur wenige hundert Meter entfernt liegenden internationalen Flughafen Mogadischus. Die erste Etappe war genommen, kein Schuss gefallen.

Prime time heißt die Hauptsendezeit im amerikanischen Fernsehen. 4.30 Uhr morgens Somalizeit ist *prime time* in den USA. Die Landung ihrer Truppen sollte die Nation auf der anderen Seite der Erdhalbkugel live miterleben können. Deshalb wurde für die Landung der ersten amerikanischen Einheiten dieser Zeitpunkt gewählt. Am 9. Dezember 1992 begann vor den Kameras von CNN und anderen großen US-Fernsehanstalten die Operation »Restore Hope«. Und amerikanische Militärs wissen, wie man eine »good show« für die Leute vom und vor den Fernsehern inszeniert.

Unberührt von dem Spektakel am Strand erwachte der subtropische Morgen. Erste Sonnenstrahlen züngelten über dem noch nachtblauen Meer. Mit diesem Schein des Sonnenaufgangs im Rücken wurden am Horizont die schattenhaften Umrisse der drei mächtigen Kriegsschiffe der U.S. Navy sichtbar. Und die stießen ohne Unterlass aus, was sie an Mann und Material für die Landeoperation in Somalia mitgebracht hatten: Luftkissenboote, Panzerwagen, Hubschrauber, Marineinfanteristen, Amphibienfahrzeuge. Was für eine Show!

Für Somalia begann damit eine neue Zeitrechnung. Etwas musste sich verändern. Hunger und Krieg hatten sich zu einer tödlichen Allianz verbündet. Der Diktator war gestürzt worden. Aber es gab nach Siad Barre keine alternative Ordnung, die das Land hätte übernehmen können. Das Gegenteil war der Fall. Der Diktatur folgte nicht die Demokratie, sondern die Anarchie. Der gemeinsame Feind hatte die unterschiedlichen Machtinteressen noch in dem Ziel geeint, ihn zu besiegen und zu stürzen. Kaum war dieses Ziel erreicht, verfolgte jede der Klangesellschaften nur noch ihre ureigensten Interessen.

Und diese bestanden darin, die knappen Ressourcen zu kontrollieren. Es galt das Überleben ihrer Mitglieder zu sichern. Also versuchten sie die Macht an sich zu reißen – in ganz Somalia oder zumindest in dem Teil, den sie für sich beanspruchten. Keiner traute niemandem. Das Land, voll gestopft mit Waffen, einem fragwürdigen Erbe des Ost-West-Konflikts, war in ein Mosaik von Einflussgebieten sich bekämpfender Milizen und Räuberbanden zerfallen.

Hinzu kam der Hunger, die tödlichste und gefährlichste Waffe in afrikanischen Bürgerkriegen. Jahrelang war in Somalia der Regen nur spärlich gefallen. Mitte des Jahres 1991 stürzte im benachbarten Äthiopien das Mengistu-Regime. Eine neue Flüchtlingswelle suchte Schutz im Chaos von Somalia. Wer in dieser Situation über Nahrung, Wasser und Weidegründe herrschte, war Herr über Leben und Tod. Die internationalen Helfer mühten sich redlich, die Notversorgung der leidenden Bevölkerung sicherzustellen. Aber sie wurden Opfer ihrer humanitären Ohnmacht. Jede Hilfe ist Einmischung in die bestehenden Verhältnisse, es gibt keine neutrale Hilfe. Die Banden mit den Waffen, die *warlords* mit ihren Milizen wussten das. Sie übernahmen in Somalia die Kontrolle über die Hilfe und die ungeschützten Helfer. Jede Lieferung von Bohnen, Proteinkeksen, Vitaminpräparaten stärkte ihre Stellung, jeder Transport füllte ihre Kriegskassen. Denn sie »vermieteten« die Lastwagen, stellten gegen Gebühr die »Schutztruppen«. So wurde nicht nur der Hunger zur Waffe im Kampf um die Macht, die internationale Hilfe war unfreiwillig Finanzier der brutalen Banden des Bürgerkriegs geworden. Der Terror lebte durch die Hilfe.

Dann fielen die Frühlingsregen im Jahr 1992 wieder aus. Die Situation spitzte sich dramatisch zu. Reporter und internationale Fernsehteams mühten sich vergeblich darum, für die hungernden und hilflos hin und her gestoßenen Menschen und Helfer in Somalia eine Öffentlichkeit herzustellen. Es dauerte bis April 1992, bis der Sicherheitsrat der Vereinten Nationen seine Resolution 751 zu Somalia fasste. UNOSOM I, die United Nations Operation in Somalia, war geboren. In Resolution 751 wurde festgelegt, dass politisch der Waffenstillstand in Mogadischu zwischen Mohammed Farah Aidid und Ali Mahdi beobachtet werden sollte. Zudem sollten sowohl das UN-Personal als auch die Hilfslieferungen nach Mogadischu und an die Verteilungsstellen, die so genannten »Küchen«, militärisch geschützt werden.

Aber Papier ist bekanntlich geduldig. In Mogadischu und Somalia änderte sich deshalb wenig. Die ersten 50 Militärbeobachter mit blauen Baretts kamen erst im Mai an, ohne Waffen, die internationale Luftbrücke mit Hilfslieferungen begann Ende August. Die Herrschaft der Milizen blieb trotz einer verbalen Verschärfung der UN-Resolution im August ungebrochen. Je mehr Hilfe für die Hungernden ins Land kam, desto lebhafter sprudelten die Einnahmen der *warlords*. Alle brauchten deren Schutz, griffen auf deren Transportkapazitäten zurück, benutzten »deren«

Häfen und Flugpisten und zahlten für jede Landung in harten US-Dollar. Die Kriegskassen klingelten.

Das war die Situation in Somalia; deshalb war es richtig, dem Wahnsinn ein Ende zu setzen. Die Spirale der Gewalt konnte nur mit Waffengewalt durchbrochen werden, den Hungernden nur unter dem Schutz von Militärs mit blauen UN-Helmen geholfen werden. Das war eine bittere Einsicht nach einer bitteren Lektion. Somalia war die erste humanitäre Militärintervention der Vereinten Nationen. In Somalia wurde 1992 Weltgeschichte geschrieben. Die USA hatten gerade den Golfkrieg siegreich beendet und den irakischen Diktator Saddam Hussein aus Kuwait wieder vertrieben. Mit diesem militärischen Erfolg im Rücken war der »Sheriff« der neuen Weltordnung bereit, seine eigenen Truppen auch für humanitäre Zwecke fern der Heimat in einem von jeder Ordnung verlassenen afrikanischen Land wie Somalia einzusetzen.

Die USA hielten ihren Einsatz für »doable«, für machbar: kurz rein, Ordnung schaffen und wieder raus. Deshalb landete ihre Vorhut von 1.800 Mann am 9. Dezember 1992 in Mogadischu. Einen Monat später waren insgesamt 35.000 Soldaten im Auftrag der UN in Somalia, davon waren 25.000 Amerikaner. Rein und raus, das blieb amerikanisches Wunschdenken und stellte sich als krasse Fehleinschätzung heraus. Was als humanitäre Aktion begann, endete in einem militärischen Abenteuer. Die Intervention sollte über zwei Jahre dauern und ihr Ziel nie erreichen: die Wiederherstellung einer staatlichen Ordnung in Somalia.

Zur Beurteilung, ob es richtig war oder falsch, in Somalia mit Waffen im Anschlag zu helfen, muss man sich den politischen Moment in Erinnerung rufen. Washington durchlebte im Dezember 1992 gerade die letzten Tage des republikanischen Präsidenten George Bush. Bush hatte nichts mehr zu gewinnen oder zu verlieren. Sein Nachfolger, der Demokrat Bill Clinton, war bereits gewählt. Kuwait war gerettet (Saddam Hussein im Irak freilich nicht gestürzt), der Bosnienkonflikt schwelte. Die einzig verbliebene Weltmacht stand unter hohem moralischem Druck, zumindest der menschlichen Katastrophe in Somalia, der die Welt schon viel zu lange fast tatenlos zugesehen hatte, ein Ende zu setzen. Nach UN-Angaben waren 1,5 Millionen Menschen unmittelbar vom Hunger bedroht, Hunderttausende bereits gestorben. Die Nahrungsmittelhilfe erreichte die Bedürftigen nicht, weil bewaffnete Banden Amok liefen. Dieser grauenhaften, öffentlich bekannten menschlichen Katastrophe konnten die USA nicht länger zusehen, der innenpolitische wie auch der außenpolitische Druck wurden zu groß. Moral war letztendlich der entscheidende Grund für das Somaliaabenteuer, kein wie auch immer geartetes anderes »realpolitisches« Weltmachtinteresse. Präsident George Bush glaubte, in wenigen Monaten Somalia befrieden und den Hunger besiegen zu können.

Die Landung der U.S. Marines am Strand von Mogadischu war perfekte Choreografie, eine einschüchternde Demonstration militärischer Stärke. Sie hatte ihre erhoffte Wirkung. Kein Schuss fiel, alles lief wie nach Drehbuch. Mogadischu, der Hexenkessel aus bewaffneten Banden und Hunger leidenden Menschen, war zumindest an diesem Tag wie ausgewechselt. Die Amis kamen, die *technicals* gingen. Zwischen den Stadtruinen blieb alles ruhig, kein Bewaffneter war mehr zu sehen. Allein schon die Ankündigung der Amerikaner, die somalischen Kämpfer entwaffnen zu wollen, ließ die Preise für Gewehre fallen. Ein Maschinengewehr vom Typ AK-47 war plötzlich für 30 Dollar zu haben. Die somalische Marktwirtschaft reagierte schnell.

Doch der amerikanische Sonderbotschafter Robert Oakley, der noch am selben Morgen auftauchte, warnte gleich vor voreiligem Optimismus. Dies sei nur der »erste kleine Schritt«. Wenn die Truppen weiter ins Inland vorrückten, werde es gewiss schwieriger. Die Heerscharen der Reporter nahmen jedes Wort auf, schrieben jedes Detail nieder. Im Gepäck der »Retter« waren auch sie, die Marketender der globalen Mediengesellschaft. Der amerikanische Nachrichtensender CNN allein hatte 40 Mitarbeiter und vier Tonnen Gerätschaften einfliegen lassen. Auf dem Flachdach des Hotels Sahafi schossen Satellitenschüsseln zur Fernsehdirektübertragung in die Höhe wie Pilze aus dem Boden.

»Sahafi« heißt »Reporter«, und wie die Legende weiß, stieß ein Vorausteam der amerikanischen Fernsehstation NBC auf der Suche nach einer geräumigen Bleibe in der von schweren Kämpfen gezeichneten Stadt auf das intakte Gebäude, das einmal als Hotel geplant war. Besitzer Mohammed Dschirdeh richtete das Haus schnell notdürftig ein. Die kommenden zwei Jahre waren die 58 Räume fast durchweg ausgebucht. 85 Dollar kostete die Nacht. Das Geschäft lohnte sich, Somalia war in den Weltnachrichten. Ein zweites Hotel machte gleich in der Nachbarschaft auf, das »Nasahablod« – »Die Brüste einer Jungfrau« –, kleiner, gemütlicher, mit Palmen im Hinterhof und Plastiktischen und wackeligen Stühlen. Im Nasahablod suchten die schreibenden Reporter gerne Schutz vor den Fernsehkollegen. Mogadischu richtete sich auf den Katastrophenalltag ein.

Und während die Menschen in Mogadischu die ersten Soldaten bestaunten und bejubelten, meldeten sich gleich zu Anfang auch kritische Stimmen. Mehrere muslimische Würdenträger bezeichneten die Invasion der Ungläubigen als Sache des Teufels, das böse Stichwort Neokolonialisierung machte die Runde. Auch die beiden Hauptdarsteller der inzwischen seit zwei Jahren aufgeführten Tragödie nutzten die Chance zum Gespräch mit der Weltpresse. Der selbst ernannte Interimspräsident Ali Mahdi rief in den von ihm kontrollierten Norden der Stadt, begrüßte, freundlich und gelassen, dass die Welt endlich »auf seine Bitte« reagiert und sich entschlossen habe, in Somalia zu intervenieren. Der andere, Mohammed Farah Aidid, erklärte dagegen mit seinem zu einer grauen Maske erstarrten Gesicht, kurz und knapp und mit staatsmännischer Wichtigkeit, dass die Amerikaner willkommen seien und dass man sich ihrer Mission nicht in den Weg stellen werde. In einer Rundfunkrede rief er alle Bewaffneten auf, von sofort an den Hafen und den Flughafen zu meiden – niemand solle der im Zweifel scharf schießenden Interventionstruppe in die Quere kommen.

Zwei feindliche Brüder sprachen da, getrennt und auseinander gehalten nur durch das physische Einschreiten des bewaffneten Stiefvaters. Aber bei all den verständnisvollen, freundlichen Worten der »Brüder« spürte man, wie ihre Hirne nach Wegen und Mitteln suchten, sich die neue Situation zunutze zu machen. Beide wollten die Einmischung von außen für die eigene Sache, den ganz persönlichen Griff nach der Macht gegen den Blutsbruder verwenden. Denn neben dem Hunger herrschte weiter Krieg in Somalia.

Noch im Oktober 1992 hatte Aidid einen Teil seiner Kämpfer aus Mogadischu nach Bardera verlagert. Siad Barre schickte sein letztes Aufgebot über die kenianische Grenze – er nahm Bardera vorübergehend ein. Der Ort wurde zur Stadt des Todes, Tausende von Menschen starben auf den Straßen an Hunger. Nun nach der Landung der UN-Task Force im Dezember aber schien alles besser zu werden. Schon im Januar 1993 trafen sich 15 somalische Fraktionen in Äthiopiens Hauptstadt Addis Abeba und stimmten zu, mit den UN-Truppen zu kooperieren und ihre schweren Waffen in speziellen Inspektionscamps abzugeben und zu lagern. Der Einsatz der Soldaten schien zu fruchten. Die Versorgung der Menschen verbesserte sich merklich, der schlimmste Hungertod war schnell besiegt, aber die Mangelerscheinungen blieben. Die ausgezehrten Leiber, die zerbrechlichen Babys würden noch Monate brauchen, bis sie aus eigener Kraft wieder leben könnten.

In den USA war Bill Clinton seit Januar als Präsident im Amt. Er bereitete sogleich den Rückzug der amerikanischen Großstreitmacht aus Somalia vor. Die ganze Welt sollte mit in die Verantwortung genommen werden, auch andere Länder – darunter die Bundesrepublik Deutschland – sollten Soldaten für den Frieden schicken. Die USA wollten nicht allein als Lastesel den Wagen aus dem Dreck ziehen. Auf dem Kutschbock freilich sitzen bleiben und die Peitsche schwingen, das wollte Washington sich nicht nehmen lassen. Also wurde hinter den Kulissen schwer geschachert, nicht in Mogadischu, sondern vor allem im UN-Gebäude in New York. Mit UN-Generalsekretär Boutros Boutros-Ghali war schnell ein Deal gefunden. Der Ägypter, ein Christ, seit Januar 1992 im Amt, befürwortete den militärischen Einsatz. Nicht so sein Sonderbotschafter für Somalia, der Algerier und Muslim Mohammed Sahnoun. Der setzte auf klassische Diplomatie, endlose Gespräche, Konferenzen, Befriedung, Waffenstillstand, Wiederversöhnung, kurz: auf eine innersomalische Lösung.

Das war nicht der Politikansatz der Amerikaner. Sahnoun zog den Kürzeren. Boutros Boutros-Ghali löste ihn im März 1993 durch den Amerikaner und Exadmiral Jonathan Howe als UN-Sonderbotschafter für Somalia ab. Zurückblickend argumentieren viele Kritiker, der Ansatz von Mohammed Sahnoun sei der bessere gewesen, er hätte Frieden und Stabilität nach Somalia gebracht. Sicher ist das nicht, und Was-wäre-wenn-Fragen gelten unter Historikern nicht. Sahnoun hatte seit März 1992 keinen Frieden bringen können, seine Politik des Appeasements hatte die Stellung der Vereinten Nationen und der internationalen Helfer in Somalia immer schwächer werden lassen. Die 500 Mann der pakistanischen Truppe, die noch unter Sahnoun im Herbst 1992 nach Somalia kamen, waren zahnlose Tiger geblieben. Ohne Befehl, auch von der Waffe Gebrauch zu machen und Frieden unter Einsatz von Gewalt erst noch zu schaffen, konnten sie im Bürgerkriegsland Somalia nichts ausrichten.

Mit Admiral Jonathan Howe saßen die USA nun auf dem UN-Kutschbock und ließen die Zunge schnalzen. Alles wurde zum Rückzug und Ersatz ihrer fast 30.000 Mann in der so genannten UNITAF – Task Force der Vereinten Nationen – vorbereitet. Der Weltsicherheitsrat nahm unter Verweis auf Kapitel VII der UN-Charta noch im März 1993 die Resolution 814 an und rief UNOSOM II ins Leben.

Der Entwurf dieser Resolution war nicht im UN-Gebäude in New York aufgesetzt worden. Er stammte aus dem Pentagon in Washington aus der Feder des heimlichen Siegers im Golfkrieg: General Colin Powell, dem späteren US-Außenminister unter George Bush junior, als der Krieg gegen den internationalen Terror begann. Anarchie und Terror blieben seine Wegbegleiter, Colin Powell setzte immer auf Gegendruck und Gegengewalt. Das UN-Mandat für Somalia erweiterte er massiv. Jetzt sollten nicht nur die Hilfe und die Helfer geschützt werden. Die Ambitionen der Vereinten Nationen gingen weit darüber hinaus. Sie schrieben sich selbst ins Programm, politische Strukturen in Somalia zu schaffen, einen Staat mit einer demokratischen Regierung zu etablieren und die Wirtschaft des Landes sowie seine Infrastruktur wieder aufzubauen.

Das waren hohe Ziele angesichts der desolaten Zustände in Somalia. UNOSOM II stand von Anfang an unter einem schlechten Stern. Noch im selben Monat, dem März 1993, verschafften sich die Milizen des Kriegsherrn General Morgan, dem Schwiegersohn des gestürzten Siad Barre, Waffen und nahmen unter den Augen der amerikanischen UNITAF-Truppen die Hafenstadt Kismaio ein. Dort schlugen sie den mit Mohammed Farah Aidid verbündeten *warlord* Omar Jess in die Flucht. Aidid und seine Anhänger fühlten sich von den Amerikanern und den Vereinten Nationen verraten und verkauft. Die offiziellen wie die informellen Vereinbarungen mit Aidid, Ruhe zu bewahren und die internationalen Bemühungen zur humanitären Hilfe nicht zu stören, waren mit einem Schlag hinfällig geworden. Der Amerikaner hatte sein Wort nicht gehalten. So sahen es Aidid und seine Gefolgsleute. Von nun an schärfte Aidid sein Profil als der Befreier Somalias von der Fremdbestimmung durch die Vereinten Nationen und der Fremdherrschaft durch die Amerikaner.

Die USA blieben bei ihrem Zeitplan. Im Mai übernahm UNOSOM II offiziell die Geschäfte von der amerikanischen Task Force, die nur als bewaffneter Nahrungsmittellieferant im Auftrag der UN im Lande gewesen war. Das Gros der amerikanischen Truppen verließ Somalia. Truppenkontingente aus Pakistan, Kanada, Indien, Bangladesch, Simbabwe, Botswana, den Vereinigten Arabischen Emiraten, aus Italien und später, zurückgezogen in Belet Huen, aus Deutschland füllten die Reihen der Soldaten der Vereinten Nationen wieder auf 28.000 Mann auf.

Von der amerikanischen Streitmacht blieb nur eine schnelle US-Eingreiftruppe – die *Quick Reaction Force* – übrig, um die anderen UN-Truppen vor Angriffen zu schützen und auf Notfälle reagieren zu können. Diese amerikanische Einsatztruppe von insgesamt 1.300 Mann stand nie unter UN-Befehl. Ihr Befehlshaber in Somalia war Generalleutnant Thomas Montgomery. Die Kommandostruktur der Amerikaner lief über CENTCOM in Florida direkt ins Pentagon zu General Colin Powell.

Dann kam der 5. Juni 1993. Nach einer Vorankündigung wollten pakistanische Soldaten offizielle Waffendepots inspizieren. Sie wurden in einen Hinterhalt gelockt. Aus einer Menschenmenge heraus töteten Heckenschützen 25 Pakistani, zehn wurden vermisst und 54 verwundet. Der Hinterhalt war von Milizen des Kriegstreibers Mohammed Farah Aidid gelegt worden. Der wehrte sich gegen die verschärfte Kampagne zur Entwaffnung somalischer Kämpfer. Der

Weltsicherheitsrat trat am nächsten Tag, einem Sonntag, zu einer Sondersitzung zusammen und nahm die Resolution 837 an. Darin wurde UNOSOM II befugt, »alle notwendigen Maßnahmen« gegen die Verantwortlichen für den Überfall zu ergreifen.

In den kommenden Tagen antworteten die Vereinten Nationen mit nächtlichen Luftangriffen auf Stellungen Aidids. Sie zerstörten einen Großteil seines Fuhrparks, seinen Radiosender sowie illegale Waffen- und Munitionsdepots. Und sie bombardierten sein Haus. Zumeist führte die amerikanische Einsatztruppe diese Militäraktionen aus. Vergeblich, Aidid war nicht zu treffen. Am 17. Juni veröffentlichte Admiral Howe, der UN-Sonderbotschafter für Somalia, einen Steckbrief. 25.000 Dollar wurden auf die Ergreifung von Mohammed Farah Aidid ausgesetzt. Amerikanische Hubschrauber warfen die Steckbriefe über Mogadischu ab. Der Kampf hatte begonnen, ein Kampf zweier ungleicher Gegner. Der eine fühlte sich als Ordnungsmacht herausgefordert und wollte Ruhe schaffen, um den Frieden wiederherzustellen. Dem anderen ging es um die Vertreibung der ausländischen Eindringlinge, ohne deren Einmischung er der Mächtigste im Land schien.

Und es war ein Kampf um die öffentliche Meinung, um die auf den Straßen von Mogadischu und – über Fernsehkameras und ausländische Journalisten – auch um die draußen in der Welt. Seitdem die UN Jagd machte auf Aidid, suchte der Verfolgte seine Rettung vor allem auf der Straße. Kein Tag, an dem es keine Demonstration gab. Meist waren es Frauen und Kinder, die seine Anhänger zusammengebrachten, auf alten Lastwagen aus Flüchtlingscamps am Rande der Stadt aufgelesen. Wenn dann auf dem Weg zur Straße des 21. Oktober ein ausländisches Fernsehteam zu sehen war, feuerte ein Mann oder eine Frau auf einem kleinen Pritschenwagen über Mikrofon die Menschen zu Sprechchören an. Allein die Zahl und Lautstärke der Demonstranten sollten Stärke und Entschlossenheit der Gefolgschaft Aidids zeigen. Auf den Plakaten standen Parolen wie »Somalia ist nicht Grenada« oder »Aidid ist von den Menschen gewählt«. Doch niemand wusste, wo genau Aidid steckte und wer ihm überhaupt noch folgte.

Den Ton in Mogadischu gaben ansonsten wieder andere an. An ihren Kontrollpunkten durchsuchten italienische Soldaten die Demonstranten nach Waffen, aus der Luft beobachteten Amerikaner von ihren Hubschraubern aus die Menge. Die Vereinten Nationen wollten die Kontrolle über die Stadt nicht wieder verlieren, sich nicht abermals in eine Falle locken lassen. Doch gerade diese verstärkte militärische Präsenz bot den Agitatoren den besten Stoff, ihr Bild von Aidid als nationalem Helden und Märtyrer zu malen: Aidid gegen den Rest der Welt, vor allem aber gegen die USA.

Beide Seiten demonstrierten: Im Süden Mogadischus versammelten sich die Anhänger von Aidid gegen die USA, im Nordteil demonstrierten die Gefolgsleute Ali Mahdis für das internationale Engagement in Somalia. Jeden Abend listete Major David Stockwell, militärischer Sprecher der UNOSOM, unter einer Zeltplane auf dem weitläufigen Gelände der zerstörten amerikanischen Botschaft diese Ereignisse auf. Aidid wurden weitere blutige Zwischenfälle mit mehreren Toten auf beiden Seiten angelastet: Am 13. Juni wurden abermals pakistanische Soldaten aus einer Menschenmenge heraus beschossen. Die Pakistani erwiderten das Feuer und töteten mindestens 20 Somali. »Wir haben unsere Truppen nicht auf solche Situationen vorbereitet und trainiert«, stöhnte ein westlicher Diplomat. »Ich weiß nicht, was die richtige Antwort gewesen wäre.«

Am 7. Juni geriet eine marokkanische Einheit in eine Demonstration. Sie wurde beschossen, auch aus einem Krankenhaus. Der marokkanische Befehlshaber, so die offizielle Darstellung des amerikanischen Verbindungsbüros, hätte sich trotz Feuerfreigabe geweigert, das Krankenhaus anzugreifen. Er sei beim Rückzug verblutet. Auch für diesen Zwischenfall machte man Aidid verantwortlich.

Die Fronten waren klar abgesteckt: Ali Mahdi und weitere zehn Klanchefs hatten inzwischen öffentlich ihre Unterstützung der UN erklärt. Jede Schwächung Aidids stärkte die anderen Klanführer. Ein amerikanischer Diplomat sprach aus, was man sich von der Festnahme Aidids erhoffte: eine Signalwirkung auch an die anderen Kriegsherren des Landes. »Ohne die Festnahme Aidids können in Somalia Recht und Ordnung nicht wiederhergestellt werden. Wir müssen weg vom Krieg und hin zur Politik.« Das war nicht so einfach. Die Amerikaner verstärkten ihre Militärpräsenz. Ein Flottenverband aus vier Schiffen, darunter einem Flugzeugträger, lag wieder vor Mogadischu. 4.000 Marineinfanteristen, ausgestattet mit Amphibienfahrzeugen zur schnellen Landung, warteten an Bord. Ein Duell mit recht unterschiedlichen Klingen: auf der einen Seite modernste Kriegstechnik, auf der anderen Seite Aidid, der nichts mehr zu verlieren hatte und sich versteckte wie ein Fisch im Heringsschwarm.

Aber er war noch da. In Interviews mit den Sendern Voice of America und CNN meldete er sich und fragte: »Warum soll ich mich ergeben?« Aidid stritt alle Vorwürfe ab. Er bestätigte, noch in Mogadischu zu sein und auch »bei seinen Leuten« bleiben zu wollen. Ein Wettkampf zwischen Hase und Igel. Wie sollte man ihn in dem dicht bevölkerten Stadtdschungel ergreifen, ohne ein Blutbad anzurichten?

Nach den blutigen Juni-Ereignissen kam der Alltag in Mogadischu nur schleppend wieder in Gang. Fast zwei Wochen lang waren die Menschen nicht wie gewohnt in den »Küchen« versorgt worden. Auch am ersten Wochenende, an dem die Hilfslieferungen wieder aufgenommen wurden, klappte es nicht, alle Konvois wie geplant in die südliche Einflusszone Aidids zu bringen. Statt sechs konnten nur

1 Oktober 1977: Die palästinensischen Entführer der Lufthansa-Maschine »Landshut« zwingen die Besatzung, in Mogadischu zu landen.

2 Siad Barre, Präsident der Republik Somalia. 1969 kam er durch einen Militärputsch an die Macht, 1991 endete seine Schreckensherrschaft.

3 Selbst einfache Ziegenhirten sind oftmals bewaffnet, um gewaltsame Übergriffe abwehren zu können.

4 Die beiden führenden somalischen Milizchefs Mohammed Farah Aidid und Al Mahdi Mohammed reichen sich nach Abschluss der Friedensvereinbarungen am 11.12.1992 die Hände.

5   23. September 1993: Aus Protest gegen die in Somalia statio-
nierten UNO-Streitkräfte zerreißt ein somalischer Demonstrant
eine US-Fahne mit den Zähnen.

6   19. Oktober 1993: Neu angekommene US-Soldaten bereiten vor
den Toren von Mogadischu ein Manöver vor.

7   *Der nackte Leichnam eines getöteten US-Piloten, der bei Kämp-*
fen mit Anhängern des Rebellenchefs Aidid am 3.10.1993 getötet
worden war, wird von Somali am Strick durch die staubigen
Straßen der Hauptstadt gezogen.

8   Überschwemmungskatastrophe in Somalia 1997.

9   UN-Hilfsgüter – Nahrungsmittel und Medikamente – werden in
die Krisenregionen eingeflogen.

10   Seit dem 11. September 2001 – dem Anschlag auf das World Trade Center in New York – steht auch Somalia im Blickpunkt des internationalen Antiterrorkampfes.

11   Im Oktober 2001 wird der Jordanier Sadeek Odeh für seine Beteiligung am Bombenanschlag 1998 in Nairobi zu lebenslanger Haft verurteilt.

12   September 2001: In Somalias Hauptstadt kommt es nach den
Terroranschlägen in New York zu einer spontanen Kundgebung für
Osama bin Laden.

13   Im bislang größten Militäreinsatz ihrer Geschichte beteiligt sich die Marine der Bundeswehr am Antiterrorkrieg der USA. Sechs Kriegsschiffe werden die Seewege im Golf von Aden überwachen.

14   Jeder Mann trägt eine Waffe: bewaffnete Jugendliche auf den Straßen von Mogadischu.

zwei Küchen beliefert werden, wegen »Missverständnissen«, wie der stellvertretende UN-Sprecher Berrie Walkley formulierte. Ein pakistanischer Oberst sagte es klarer: Die Sicherheit habe nicht garantiert werden können. Nur langsam kehrte wieder so etwas wie Normalität in Mogadischu ein. Doch schon ein einziger gezielter Schuss hätte diese trügerische Ruhe zunichte machen können. »Wir sind hier, um den Menschen zu helfen, Frieden zu bringen und zu erhalten«, meinte ein westlicher Diplomat selbstkritisch. »Aber wir lernen dabei erst, wie man das macht.«

Unterdessen versuchte Aidid nicht ohne Erfolg, mit militärischen Nadelstichen und durch einzelne Gesprächsangebote den Spaltpilz in die multinationale UN-Truppe zu tragen. Vor allem der italienische General Bruno Voi war nach dem Tod der ersten drei italienischen Soldaten Anfang Juli 1993 mit Rückendeckung aus Rom aus der gemeinsamen Front ausgeschert. Er erreichte durch Verhandlungen mit Emissären Aidids und ohne militärische Strafaktionen, dass ein italienischer Kontrollpunkt, »Checkpoint Pasta«, im Norden der Stadt von Angriffen der somalischen Milizionäre verschont blieb.

Die Militäraktionen dürften nicht vergessen lassen, dass es sich beim Eingreifen der UN in Somalia vor allem um ein humanitäres Engagement handle. Dieses Argument betonten nicht nur die Italiener immer wieder, sondern auch viele Hilfsorganisationen. Mittlerweile war auch aus den Reihen der Verantwortlichen innerhalb der Vereinten Nationen leise Kritik an der Dominanz des Militärs zu hören: Auf rund 1,5 Milliarden Dollar im Jahr wurden die Kosten für das militärische UN-Engagement in Somalia hochgerechnet. Für das humanitäre Hilfsprogramm dagegen, dessen Budget 166 Millionen Dollar betrug, hätten die Geberländer noch nicht einmal 15 Prozent einbezahlt, klagte Jan Eliasson, UN-Abteilungsleiter für humanitäre Fragen.

In Mogadischu lagen bei allen die Nerven bloß. Die

Angst ums eigene Leben war nicht mehr wegzudenken. Immer wieder einmal wurde auf einen UN-Soldaten geschossen, nachts Granaten auf den Flugplatz gefeuert. »Seien wir doch einmal ehrlich, wir dominieren den Luftraum, aber Aidid hat keine Luftwaffe«, kommentierte sarkastisch ein amerikanischer Offizier die militärische Ohnmacht der High-Tech-Armee gegenüber dem Guerillakampf der Heckenschützen. Jeder einzelne UN-Soldat an einem Kontrollpunkt, jeder Konvoi auf seinem Weg bot ein ausgezeichnetes Ziel. Besonders nachts igelten sich UN und internationale Hilfsorganisationen ein. Aber auch tagsüber wurde es immer unsicherer. Als Konsequenz daraus wurde ein Hubschrauber-Shuttle vom UN-Hauptquartier zum Flughafen und weiter zum Hafen eingerichtet. Wer konnte, mied die Straßen. Dort, wo kaum Menschen lebten, im ehemaligen und völlig zerschossenen Geschäfts- und Regierungsviertel zum Beispiel, trieben Räuberbanden ihr Unwesen. Deshalb war die UN mit bewaffneter Präsenz in Mogadischu, um diesem Treiben ein Ende zu setzen.

Und die schnelle Eingreiftruppe der Amerikaner schlug wieder zu. Am 12. Juli 1993 beschossen Cobra-Hubschrauber mit zehn Raketen das »Abdi-Haus«. Die Klanältesten der Habirgedir, des Klans von Aidid, hielten dort ihr regelmäßiges Treffen ab. 50 Menschen, darunter viele angesehene Vertreter des Habirgedir-Klans, wurden getötet. Wie sich später herausstellte, wussten die Amerikaner, dass Aidid nicht dort sein würde. Internationale Pressefotografen hörten von dem amerikanischen Angriff und rasten zum Ort des Geschehens. Eine aufgebrachte Menschenmenge fing an, sie zu jagen, Steine nach ihnen zu werfen, sie niederzuknüppeln. Vier Fotojournalisten wurden getötet, darunter der Deutsche Hansi Kraus, der für die amerikanische Nachrichtenagentur AP arbeitete, der in Kenia lebende Brite Dan Eldon, auch Hos Masina und Anthony Macharia, Kenianer, die für die Nachrichtenagentur Reuters in Mogadischu waren. Vor allem der Brite Dan Eldon war beliebt in Somalia und liebte Somalia. Jeder kannte ihn, rief ihn bei seinem Spitznamen »Bürgermeister von Mogadischu«. Die Kollegen der internationalen Presse waren fassungslos.

Mit dem Mord an den Journalisten erreichte die Situation in Somalia wirklich eine neue Qualität. Auf ihrer Jagd nach Aidid hatte die US-Truppe mit UN-Billigung brutal zugeschlagen, aber als Reaktion wurden zum ersten Mal Unbeteiligte umgebracht – und dies offenbar nur, weil sie Weiße waren. Der Mob schien ohne Unterschied Jagd auf den angeblichen Feind von außen zu machen, und die Taktik Aidids trug ihre blutigen Früchte: Wir Somali gegen den Rest der Welt. Völlig vergessen wurde dabei, warum die UN nach Somalia gekommen war: um ein hungerndes Land vor dem Untergang zu bewahren.

Sollte sich die Weltgemeinschaft also aus Somalia zurückziehen und die Menschen ihrem Schicksal überlassen, da sie sich offenbar nicht helfen lassen wollten? Dieses Argument war und blieb so alt wie falsch. Wer so redete, vergaß nicht nur die Menschlichkeit, sondern auch die einfachsten Fakten: Mogadischu war nicht Somalia, Männer wie Aidid nicht Repräsentanten aller Somali. Die meisten Menschen waren des Bürgerkriegs seit langem müde. Sie wollten wieder ein normales Leben führen. Doch die Somali waren ebenso wie die UN zu Geiseln einiger politischer Figuren geworden. Diese kämpften um die Macht und hatten nichts mehr zu verlieren. Aus Mogadischu war ein zweites Beirut geworden.

Die amerikanische Politik hatte seit den blutigen Juni-Ereignissen längst ihre Konsequenzen gezogen. Washington rüstete auf. Es schickte die Task Force Rangers nach Mogadischu in die Schlacht, um bei der Jagd auf Aidid den Erfolg zu erzwingen. Die Rangers und ihr modernstes Militärgerät landeten am 26. August. Und es sollte ein blutiger Herbst werden in Somalia und Mogadischu.

An einem Donnerstag, es war der 9. September 1993, wurde ein pakistanisches Kontingent beauftragt, Straßensperren wegzuräumen. Die Pakistani rückten mit drei Panzern, vier gepanzerten Transportfahrzeugen, 100 Infanteristen und unterstützt durch ein US-Räumkommando aus. Kaum angekommen am Einsatzort, wurden die Pakistani mit schweren Waffen beschossen. Ein Panzer geriet in Brand. Als die Soldaten sich zurückziehen wollten, hätten auch Frauen und Kinder, hinter Mauern versteckt, auf die UN-Soldaten gefeuert, Handgranaten seien geworfen worden und Barrikaden errichtet.

Zumindest lautete so die UN-Version zu den Vorfällen. Die UN forderte Unterstützung an von der schnellen US-Eingreiftruppe. Die kam mit tief fliegenden Cobra-Hubschraubern und feuerte in die Menge. Mehr als 100 Menschen starben im Kugelhagel. Der Angriff der Cobras sei nur das »letzte Mittel« gewesen, in äußerste Bedrängnis geratene UN-Soldaten zu schützen. »Wir bedauern den Verlust jedes Menschenlebens«, wandte sich der UN-Sonderbotschafter für Somalia, der Exadmiral Jonathan Howe, danach an die Presse. Doch egal, was er sagte, wie immer er auch den Einsatz der Hubschrauber gegen die Menschenmenge auf der Straße des 21. Oktober rechtfertigte, das Blut blieb an den Händen Howes, der UN-Soldaten und vor allem der Amerikaner kleben.

Genau das war das Ziel Mohammed Farah Aidids. So ein Massaker passte bestens in das Konzept des gesuchten Kriegsherrn: Frauen und Kinder zu Märtyrern zu machen und so die Weltöffentlichkeit aufzuschrecken. Dadurch ließe sich die innenpolitische Debatte in Washington derart anheizen, dass die Politiker der westlichen Demokratien noch mehr unter Druck kämen und ihre Soldaten abziehen müssten. Denn was kann eine internationale Armee mit Hubschraubern und Panzern schon gegen Frauen und Kinder ausrichten, hinter denen sich Heckenschützen verstecken?

»Die Frauen und Kinder waren Kampfteilnehmer«, sagte UN-Militärsprecher Major David Stockwell. »Als die Hubschrauber kamen, schossen sie auf jeden hinter den Mauern.« Oberst Mike Dallas, der Einsatzleiter der schnellen Eingreiftruppe der Amerikaner, erklärte: »Ich habe Frauen, aber keine Kinder gesehen.« Wie viele Somali umkamen, konnten die Vereinten Nationen nicht sagen. Die Journalisten waren auf die nicht zu überprüfenden Angaben aus somalischen Quellen angewiesen. Aber die eigenen Verluste reportierte Stockwell exakt: Ein pakistanischer Blauhelm sei getötet, fünf weitere, unter ihnen zwei Amerikaner, seien verletzt worden.

Was aber hätten die UN machen sollen? Zusehen, wie ihre Soldaten umgebracht werden, als sie die Straßenbarrikaden wegräumen wollten an der Straße des 21. Oktober, wo Anhänger Aidids immer wieder Demonstrationen organisierten gegen die angeblichen Besatzer? Nahebei waren wenige Tage zuvor sieben Nigerianer getötet worden. Auch das sollen Aidids Kämpfer gewesen sein. Und die Bilanz des bisherigen Einsatzes der Vereinten Nationen in Somalia sah schlecht aus: Bis September 1993 waren insgesamt 48 Blauhelme getötet und mehr als 170 verletzt worden; mit Gewehren und ferngezündeten Minen, aus Hinterhalten in Krankenhäusern oder von Heckenschützen, versteckt in Menschenmengen. Aidid pokerte um die Macht am Horn von Afrika. Sein Einsatz waren Menschenleben. Immer wieder stellte er Fallen nach demselben Muster: Scharmützel, Hinterhalte, die massive Gegenschläge provozierten, Opfer unter der Zivilbevölkerung verursachten und damit Stimmung machten gegen die waffenstarrende Präsenz der UN.

In Mogadischu herrschten verkehrte Welten: Seit Juni wurde Aidid steckbrieflich gesucht, als Belohnung waren 25.000 Dollar ausgesetzt. Aber nicht er, sondern die UN wurde in Mogadischu belagert. Ohne gepanzerte Fahrzeuge wagte sich kaum noch jemand aus den ummauerten

Grundstücken, UN-Mitarbeiter wurden mit Hubschraubern vom Flughafen zum nur wenige Kilometer entfernten Hauptquartier geflogen. Aidids Stadtguerilla schlug zu, wann und wo sie wollte. Jeder Tag, an dem ihr Anführer nicht gefasst wurde, zählte zu seinen Gunsten.

Jetzt fühlte sich Aidid offenbar stark genug, die Karten der Gegenseite sehen zu wollen: schmählicher Abzug der UN oder seine Ergreifung ohne Rücksicht auf Verluste. Am 25. September wurde der erste amerikanische Hubschrauber über Mogadischu mit einer Rakete abgeschossen, die drei Besatzungsmitglieder getötet und ihre Leichen geschändet. Diesen Vorfall hielten die Militärs lange unter Verschluss. Da waren plötzlich neue Waffen bei der Gegenseite aufgetaucht, Granatwerfer, die geschulte Terroristen von der Schulter abfeuern konnten, so, wie die Kämpfer in Afghanistan oder der Vietkong in Südostasien. Bevor diese Verbindungen ins Ausland zu anderen Terrorgruppen stärker werden würden, sollte eine Entscheidung herbeigeführt werden.

Die Geduld der Amerikaner war erschöpft, sie nahmen die Herausforderung an. Unter dem Decknamen »Irene« schickten sie 17 Kampfhubschrauber, zwölf Fahrzeuge, 75 U.S. Rangers und 40 Mann der Eliteeinheit *Delta Force* am Nachmittag des 3. Oktober 1993 los. Der Einsatz wurde zum Debakel. 18 amerikanische Soldaten starben, mehr als 80 wurden verletzt, zwei Hubschrauber abgeschossen, zwei weitere mussten notlanden. Amerikanische Soldaten gerieten in Gefangenschaft, Leichen von U.S. Marines wurden vor laufenden Kameras durch den Staub von Mogadischu geschleift.

Am 7. Oktober kündigte Präsident Bill Clinton an, Amerika werde für eine Übergangszeit seine Truppenstärke massiv verstärken, um »unsere Rolle dort ehrenvoll zu beenden«. In sechs Monaten aber, versprach er gleichzeitig, würden die amerikanischen Truppen aus Somalia abgezogen. Als Außenminister Christopher Warren und Verteidigungsminister Les Aspin in Washington die Abgeordneten von Senat und Repräsentantenhaus über die Regierungspolitik zu Somalia informierten, kam es zu turbulenten Sitzungen. Danach meinte Senator Ernest Hollings, selbst Demokrat wie Präsident Clinton: »Es ist alles so wie in Vietnam.«

6. Zurück in die ungewisse Zukunft

Auf dem Weg von der kleinen Schotterpiste des Flughafens in die Stadt Belet Huen sah man zwar noch Ruinen. Aber die Menschen hatten sich daneben traditionelle Hütten gebaut – ihre *munduls* aus Zweigen und Lehm. Und je näher man zum Zentrum kam, umso belebter wurden die Straßen: Überall waren kleine Verkaufsstände zu sehen, auf denen Obst, Gemüse, Milch, Zigaretten und Radiobatterien angeboten wurden. Die schweren kanadischen Militärfahrzeuge konnten sich durch die enge, von Bäumen gesäumte Hauptstraße des Ortes nur mit Mühe zwängen. Die Häuser hatten wieder Dächer, kleine Geschäfte hielten ihre Waren feil, improvisierte Bars boten Tee oder Limonade an. Das Rote Kreuz unterhielt ein kleines Krankenhaus, zwei Grundschulen hatten wieder aufgemacht.

Für Belet Huen und seine 12.000 Einwohner war nach Bürgerkrieg, Hungerkatastrophe und Anarchie dank des UN-Engagements wieder ein Stück Normalität zurückgekehrt. »Für mich ist es immer wieder eine Erleichterung, aus Mogadischu hierher zu kommen«, sagte ein kanadischer Offizier. In Belet Huen gebe es wieder so etwas wie eine Stadtverwaltung und daneben einen Rat der Ältesten, die ganz gut zusammenarbeiteten. Und sogar das Wetter hatte mitgespielt: Von der Behelfsbrücke über den Fluss Schebelle sprangen Kinder ins Wasser und badeten. Es hatte reichlich geregnet. Einige Hütten, die zu nah am ausgetrockneten Flussbett gebaut worden waren, standen unter Wasser. Wenn auf den Feldern genügend angebaut würde und die Lage ruhig bliebe, würde die nächste Ernte mehr als nur die Menschen hier ernähren. Die Sicherheitssituation war ziemlich entspannt. Nur im März hatte es einen Zwischenfall gegeben, bei dem die Kanadier drei Somali erschossen hatten.

Belet Huen, gut 300 Kilometer nördlich von Mogadischu, liegt nur knapp 30 Kilometer entfernt von der Grenze zum umstrittenen Ogaden, um den Somalia noch unter Siad Barre mit Äthiopien Krieg geführt hatte. Als die Kanadier im Auftrag der UN Anfang 1993 einrückten, fanden sie nichts als Elend und Verwüstung vor: kein Haus, das nicht zerstört oder stark beschädigt war. Die Menschen waren abhängig von den täglichen Nahrungslieferungen, Zehntausende hier waren Hungerflüchtlinge. Sie hatten sich aus der ganzen Region zu den »Küchen«, den Verteilungsstellen der Hilfsorganisationen, gerettet.

Aber Belet Huen war nicht Mogadischu. Hier in der somalischen Provinz hatten die Vereinten Nationen zeigen können, dass sie Frieden schaffen, den Hunger besiegen und den Wiederaufbau beginnen konnten – wenn nur keiner gegen sie Krieg führte, ob Räuberbanden, Milizen oder Terroristen. Auch deshalb war Belet Huen für die Deutschen ausgesucht worden: weil es als »sicher« galt. Noch nie nach dem Zweiten Weltkrieg war die Bundeswehr bewaffnet ausgerückt zu einem Einsatz außerhalb des Bündnisgebietes der Nato. Somalia war eine Premiere, auch für die Bundeswehr. Die Welt hatte sich verändert. Nach dem Fall der Mauer, dem Ende des Ost-West-Gegensatzes, konnte sich das wieder vereinte Deutschland als ökonomischer Riese in Europa nicht länger seinen internationalen Verpflichtungen entziehen. Die ganze Welt war nach Somalia gekommen, um den Menschen hier zu helfen, Hunger und Chaos zu überwinden. Davor konnte sich Deutschland nicht drücken. Schon bei den Hilfsflügen im Sommer 1992 waren Einheiten der deutschen Luftwaffe dabei gewesen. Das war noch ein Routineeinsatz. Solche Hilfsaktionen hatte die Bundeswehr still, leise und effektiv schon bei vielen Katastrophen geleistet – in Asien, Afrika, Südeuropa.

Aber Somalia und UNOSOM waren etwas anderes. Diesmal ging es um eine Militärintervention im Namen der

Menschlichkeit. Deutsche Soldaten mit Gewehren und gepanzerten Fahrzeugen im Einsatz, an dieses Bild musste sich die deutsche Öffentlichkeit erst noch gewöhnen. Im Golfkrieg hatte sich die Bundesrepublik aus der Affäre ziehen können, indem sie sich auf Sanitäter und Minensuchpanzer beschränkte. Statt Soldaten zu entsenden, bezahlte die vereinte Republik im Krieg gegen den Staatsterror Saddam Husseins ihre moralischen Kosten mit einem Scheck. Aus einem Somaliaeinsatz gegen Hunger und Anarchie konnte sich die Regierung unter CDU-Kanzler Helmut Kohl nicht mehr herausreden. Wochenlang zog sich eine endlose Diskussion zwischen den Parteien im Bundestag und den verschiedenen Gruppierungen im Land hin. Dann war die Formel gefunden: Die Bundeswehr würde nur in einem »sicheren Gebiet« eingesetzt werden. Darauf konnte man sich in Deutschland über die Parteigrenzen hinweg einigen, und die westlichen Bündnispartner nahmen Rücksicht auf die deutschen Empfindlichkeiten. Die Wahl fiel auf Belet Huen.

Deshalb war es ein großer Tag Anfang Juni 1993 für Belet Huen und die UNOSOM-Truppen, als das Vorauskommando der Bundeswehr angetreten war. Auch die »big shots« waren gekommen, die ganz wichtigen Leute aus Mogadischu: General Cevik Bir, der Türke, der das militärische Oberkommando über die UNOSOM-Truppen führte; Admiral Jonathan Howe, der Amerikaner, Vertreter des UN-Generalsekretärs Boutros Boutros-Ghali in Somalia, der, einfühlsam und politisch überlegt, als Einziger bei seiner Ansprache zuerst die örtlichen Vertreter der Somali begrüßte, die Stadtregierung und die Ältesten, und dann die vier Kontingente der UNOSOM-Truppen. »Das sind die Vereinten Nationen, viele Nationen, die gemeinsam die Arbeit erledigen«, sagte der Admiral.

Die kanadische Fahne wurde eingeholt und gleichzeitig mit dem Grün-Weiß-Grün der Nigerianer stieg auf schwarzrot-goldenem Grund der Bundesadler auf. Nigerianer und Deutsche, eine interessante Kombination, waren von jetzt an dafür verantwortlich, dass es in Belet Huen weiter bergauf ging. »Die Deutschen werden eine tolle Unterstützung sein, sowohl für die UN als auch für Somalia.« Admiral Howe, der Diplomat, war voll des Lobes. Der Auftrag der Deutschen war, Logistik bereitzustellen: Sie sollten die Beweglichkeit der UN-Truppen sicherstellen und technische Arbeiten verrichten. »Und sie haben auch Waffen und passen auf sich selbst auf«, wich der UN-Mann der Frage aus, was denn passieren würde, sollten die Deutschen angegriffen werden. »Ich diskutiere keine hypothetischen Fälle.«

Der Einsatzbefehl des deutschen Vorauskommandos lautete, sich und die eigene Ausrüstung zu verteidigen. Das Gebot des Grundgesetzes, keine militärischen Einsätze außerhalb des Nato-Gebietes zuzulassen, und die tatsächlichen Anforderungen für ihren humanitären Auftrag in Somalia hätten die deutschen Soldaten schnell in Teufels Küche bringen können. Aber es lief alles ganz gut. »Wir sind hier eigentlich nur als Erkundungskommando, aber schon voll im Job«, sagte Generalmajor Georg Bernhardt. Die 140 Bundeswehrsoldaten mussten sofort von den Kanadiern die laufenden Geschäfte übernehmen und zugleich die Ankunft der insgesamt 1.600 deutschen Mann vorbereiten, die bis Ende Juli nachfolgen sollten.

Das UN-Camp lag im Norden Belet Huens, geradewegs auf der anderen Seite des Flugfelds. Stacheldraht umzäunte die deutschen Zelte, in denen gearbeitet und geschlafen wurde. Auch die letzten, dürren Büsche innerhalb der Umzäunung säbelten die deutschen Lanzer weg – um freie Sicht zu haben. So hatten vor allem Staub, Sand und Wind freien Weg, um durch das deutsche Feldlager zu wehen. Aus einfachen Brettern hatte man die Schranke und das Wachhäuschen gezimmert. Bald wurde auch »Kastell Rühe« errichtet, die deutsche Kommandozentrale, benannt nach dem damaligen Verteidigungsminister. Die Funkverbindung zum deutschen »Hauptquartier« in Mogadischu an »Kilometer 5«, gleich bei der amerikanischen Botschaft, stand nicht sofort, weil offenbar falsche Geräte mitgenommen worden waren – typische Probleme zwischen Nato-Partnern.

Belet Huen war weit weg von der großen Politik, die derweilen in Mogadischu gemacht wurde. Neben Pionierarbeit wie Straßen-, Brücken- oder Brunnenbau und militärischer Logistik für den Nachschub der Inder halfen die 1.700 Deutschen auch der somalischen Bevölkerung direkt. Die meisten Schulkinder in Belet Huen waren schnell glückliche Besitzer deutscher Farbstifte und Hefte. Im »deutschen Krankenhaus« wurden in einer Woche 80 Menschen operiert, in 37 Fällen handelte es sich um größere Eingriffe. »Das zeigt doch, dass wir schon einen ganz guten Kontakt zur Bevölkerung haben«, meinte Dirk-Jens Jordan vom Verbindungsbüro der Bundeswehr über die vergleichsweise idyllischen Zustände in Belet Huen.

In Mogadischu dagegen herrschte inzwischen die Hölle. Doch nach dem blutigen Kriegsdebakel vom 3. Oktober hatten die Amerikaner ihren Rückzug angekündigt. Jetzt sollte plötzlich das Politische wieder das Militärische ersetzen. US-Botschafter Robert Oakley, der im September noch in einer Nacht-und-Nebel-Aktion heimlich ausgeflogen worden war, kehrte am 9. Oktober nach Mogadischu zurück. Die Jagd auf den steckbrieflich gesuchten Aidid wurde abgeblasen. Die Konfrontation wich plötzlich der Gesprächsbereitschaft. Der Weltsicherheitsrat fasste fast wöchentlich neue Resolutionen, um diesem Schwenk zu folgen. Mitte November setzte er eine unabhängige Untersuchungskommission zu den blutigen Vorfällen ein. Alle seit Juni festgenommenen Somali wurden wieder entlassen, das UNOSOM-Mandat wurde bis Mai 1994 verlängert und zugleich überprüft. Die Mission sei an einer »kritischen

Weggabelung« angekommen, betonte UN-Generalsekretär Boutros Boutros-Ghali. Humanitär sei zwar viel erreicht worden, aber immer noch gebe es keine funktionierende Regierung in Somalia, keine disziplinierte nationale Armee, keine Polizei, keine Gerichtsbarkeit.

Das aber waren die erklärten Ziele der Operation »Restore Hope«, der neuen Hoffnung, die ein Jahr zuvor begonnen hatte. Inzwischen hatten die UN-Soldaten zwar den Hunger vertrieben, nicht aber den Krieg. Und die Zukunft Somalias würde nach ihrem Abzug so unsicher sein wie zuvor. Der Teufel ließ sich leicht an die Wand malen. Bis zum Jahresende würden die Franzosen aus Baidoa abziehen, die Belgier Kismaio geräumt haben, und dann, spätestens Ende März, die Amerikaner nicht mehr in Mogadischu sein. Dann würde alles wieder von vorne beginnen: Klanmilizen und Räuberbanden würden sich wieder bekriegen, junge Kerle mit Kalaschnikows unterm Arm und berauschendem Kat-Kraut zwischen den Zähnen würden mit ihren *technicals* wieder die Straßen beherrschen, sich nehmen, was sie brauchen, oder westlichen Hilfsorganisationen für harte Dollar »Schutz« verkaufen, bis – wie ein Jahr zuvor – wieder Hunger, Tod und Anarchie in Somalia herrschten. Somalia war wieder auf dem Weg zurück in seine eigene unsichere Zukunft, in der sich islamische Extremisten im Land tummeln würden, wo sie Ausbildungscamps einrichten konnten, ohne aufzufallen, und Somalia als sicheres Rückzugsgebiet benutzen würden.

»Zum ersten Mal wurde unter dem Banner der humanitären Hilfe getötet«, kritisierte Rony Braumann von der Hilfsorganisation »Ärzte ohne Grenzen«. Somalia war in seinen Augen von den UN und den USA zum Testfall einer »permanenten militärischen Interventionstruppe« missbraucht, die Nothilfe »vom Recht auf Vergeltung« verdrängt worden. Und Mohammed Sahoun, der Algerier, den UN-Generalsekretär Boutros-Ghali wegen dessen kritischer

Töne als Sonderbeauftragten für Somalia entlassen hatte, meinte: »In den Augen vieler sind die Vereinten Nationen nichts anderes geworden als nur ein weiterer Klan, der für seine Ziele und sein Territorium kämpft.«

Das Territorium der Vereinten Nationen war freilich nicht viel größer als 32 Hektar. Es umfasste das Areal der früheren US-Botschaft, das Washington den Vereinten Nationen überlassen hatte, abgeschirmt durch eine hohe Betonmauer, an jeder Ecke geschützt durch ein »Maschinengewehrnest«. »Wir haben uns noch nie stärker isoliert gefühlt«, gestand ein UN-Beamter. Von Mogadischu selbst bekamen die UN-Helfer alle nicht viel zu sehen. Denn die relative Sicherheit von »UN-City« verließ nur, wer musste. Die, die gekommen waren, Somalia und Mogadischu vom Würgegriff der Gewalt zu befreien, waren im eigenen Fort gefangen. Draußen herrschte der Terror, innerhalb der Mauern die schöne, westliche Welt. Aus den Zelten waren feste Container mit Airconditioning geworden, bei Bogart's Take Away gab es Pizza für 6,50 Dollar, im Dutyfreeshop, was Landser so trinken. Der amerikanische Soldatensender AFN sendete Musik aus der Heimat.

Im ersten Jahr wurden für die Rettung Somalias mindestens 1,5 Milliarden Dollar ausgegeben. Das meiste davon ging für die knapp 29.000 UN-Soldaten und den Ausbau und Betrieb von »UN-City« drauf. In Somalia selbst blieb vom Geld kaum etwas; die »Kriegsgewinnler« saßen woanders. Mineralwasser, Butter und Fleisch lieferte vor allem Kenia. Arbeiter aus Kenia bauten das Abwassersystem für »UN-City«; das allein kostete neun Millionen Dollar. Ein kanadisches Unternehmen kassierte monatlich zwei Millionen für 24 Hubschrauber, die UN-Personal über Mogadischus unsichere Straßen flogen. Da die Logistiker der USA als Erste abziehen würden, betrieb seit 1. Dezember 1993 eine Firma aus Houston das »Heerlager« – für 31 Millionen Dollar im Monat. Und die Bilanz für die andere Seite: Von

Mai bis Oktober wurden für den Wiederaufbau zerstörter Infrastruktur Somalias außerhalb der UN-Einrichtungen nur sieben Millionen Dollar ausgegeben. Solche offensichtlichen Ungerechtigkeiten sind Öl in das Feuer extremer Gruppen, züchten den blinden Hass auf alles Westliche.

War UNOSOM also nichts als ein Misserfolg? In Somalia musste niemand mehr hungern, das betonten die Vereinten Nationen immer wieder. Aber der Preis dafür war unverhältnismäßig hoch. Und von den politischen Zielen war die Welt und ihre Mission noch himmelweit entfernt. Acht der 18 geplanten Regionalräte waren erst berufen worden, aber ihre Zusammensetzung blieb umstritten. Neue politische Strukturen wurden nach westlichem Vorbild neben alten künstlich aus dem Boden gestampft, das konnte nicht gut gehen. Hier wurde nicht solide aufgebaut, sondern der Nährboden bereitet für extreme Organisationen, die unter der islamischen Flagge als Retter vor Amerika und dem rücksichtslosen Westen erscheinen mussten. Die Milizen wurden nie wirklich entwaffnet; es gab keine Waffenstillstandsvereinbarung, die alle Klans und Klanfamilien unterstützten, keine nationale Versöhnung, keine somalische Verwaltung, geschweige denn einen Staat.

War wirklich alles nur an einem Mann gescheitert, an Aidid, dem »isolierten Obstruisten«, wie ihn UNOSOM-Sprecher David Stockwell titulierte? Erst die erfolglose Jagd, vor allem aber die Aufhebung des Steckbriefs, hatten den Kriegsfürsten Aidid in den Augen vieler zum »Robin Hood« Somalias aufsteigen lassen. Die Rolle des bösen Sheriffs von Nottingham fiel unweigerlich UN-Sonderbotschafter Jonathan Howe zu. Jetzt versuchten alle zu retten, was noch zu retten war. Die Organisation für Afrikanische Einheit (OAU) schaltete sich ein. Ägyptens Außenminister Amr Moussa, dessen Land den OAU-Vorsitz führte, kam und lud die zerstrittenen Parteien zu Gesprächen ein, US-Sonderbotschafter Robert Oakley zog im Hintergrund emsig die Fäden, auch Äthiopiens Präsident Meles Zenawi schaltete sich ein und organisierte ein Versöhnungstreffen in Addis Abeba. Alles musste in den wenigen verbleibenden Monaten geschehen, weil die Amerikaner und viele andere bis Ende März abziehen würden.

Und es bewegte sich etwas. Schon gab es eine »Rettungsallianz« aus zwölf Milizführern. Kritik und Opposition an Aidid wurde auch im eigenen Klan laut: »Aidids Führung hat den Habirgedir nur Leid, Feinde und Gefahr gebracht«, erklärte General Mohammed Nur Galal. Er war Chef des von Klanältesten im November gegründeten Friedenskomitees. »Ich glaube nicht, dass es ihm nochmals gelingen wird, die Unterstützung aller Habirgedir-Unterklans zu erhalten.«

Aidid blieb trotzdem eine Hauptfigur. Als er nach langem Zögern merkte, dass ihm das Fernbleiben von den Friedensgesprächen in Addis Abeba mehr schadete als nützte, ließ er sich unter amerikanischem Schutz nach Äthiopien fliegen. Aus dem Hintergrund maulte der entlassene UN-Beauftragte Sahnoun: »Der beste Weg, einen Kriegsfürsten zu neutralisieren, ist der, den die Somali mir immer empfohlen haben: dem Adler eine Feder nach der anderen rupfen, bis er nicht mehr fliegen kann.« Doch niemand hatte die Geduld und Ausdauer für diese schwere politische Aufgabe mitgebracht. Inzwischen fehlte die Zeit. Der Adler musste noch vier Monate durchhalten, dann wären die amerikanischen und europäischen UN-Soldaten weg.

Inzwischen bereiteten sich die europäischen Kontingente auf den Abzug der Hauptstreitmacht der Vereinten Nationen vor und ihre somalischen Schützlinge auf eine ungewisse Zukunft. Auch in Belet Huen und der umliegenden Region Hiran, wo der deutsche Abzug im Februar 1994 begann, kursierten sofort Gerüchte. Die Leute vom Habirgedir-Klan bewaffneten und sammelten sich, um sich nach dem Abzug der deutschen Truppen alles zu holen, hieß es unter den Hawadle. Deren Gebiet grenzt im Osten Belet Huens an Habirgedir-Territorium. Auch die Plünderung eines Lagerhauses des Welternährungsprogramms (WFP) hatte sicherlich etwas mit der Unsicherheit zu tun, was nach dem deutschen Engagement noch an Hilfe von außen kommen würde. Wer nicht weiß, was morgen kommt, holt sich lieber heute, was er noch bekommen kann. 300 Tonnen Nahrungsmittel verschwanden eines Nachts in etwa vier Stunden.

Der Bundeswehrverband, so zog Kommandeur Kammerhoff Fazit, gehe mit einem guten Gefühl: »Das deutsche Kontingent hat gute Arbeit geleistet. Die humanitäre Leistungsbilanz kann sich sehen lassen.« Knapp acht Monate waren die Deutschen da gewesen. Die Soldaten hatten Brunnen gebohrt, Schulen gebaut, Deiche und Staudämme angelegt, Brücken und Straßen instand gesetzt, Wasser verteilt, im Feldlazarett Hunderte von Somali behandelt, im Krankenhaus von Belet Huen mit Medikamenten und Ärzten ausgeholfen, die Feuerwehr ausgebildet und ausgestattet. »Wir haben das Optimale rausgeholt und alle Kapazitäten genutzt«, sagte Kammerhoff.

Schöngerechnet, könnte man auch sagen. Offiziell wurden die Kosten des Bundeswehreinsatzes – exklusive Rückzug – mit 330 Millionen Mark angegeben, davon waren knapp drei Millionen Mark für humanitäre Leistungen ausgegeben worden. Der Rest war für die 1.700 Soldaten draufgegangen. Militär verursacht seine eigenen Kosten. Das Deutsche Rote Kreuz brachte in einem Jahr mit knapp zehn ausländischen Helfern und 100 somalischen Mitarbeitern dagegen Hilfe für fast zehn Millionen Mark, baute in der Region einen Gesundheitsdienst auf, machte Brunnen wieder nutzbar, half Schulen und unterstützte Frauengruppen. Ein ungerechter Vergleich, denn ohne die Präsenz der Soldaten wäre vieles nicht möglich gewesen.

Nach Bekanntgabe des deutschen Abzugs brach auch in

Belet Huen die »Torschlusspanik« aus. Jeder versuchte, alles zu raffen. Der scheinbare Friede war auch in der somalischen Provinz ein fragiles, leicht zu störendes Gleichgewicht. Der Schutz der Hilfsorganisationen sollte in Belet Huen durch 200 Malaien als Ersatz für die 1.500 deutschen und einstmals 600 italienischen Blauhelme gewährleistet werden. Die UN baute ihre Präsenz in ganz Somalia nach einem Zeitplan ab, an den sich die Probleme nicht hielten. Die Amerikaner hatten sich für den sichersten Weg aus Somalia entschieden: übers Meer. Inzwischen ging die Furcht um, Flugzeuge mit abziehenden Soldaten könnten ein leichtes Ziel für Stinger-Raketen sein, welche die Stadtguerilla von Mogadischu möglicherweise von »Sympathisanten« aus Arabien oder Afghanistan erhalten habe. Von al-Kaida, dem Terrornetzwerk des Osama bin Laden, sprach noch niemand. Aber die Verbindung zu Extremisten in Afghanistan war bereits in aller Munde und erschreckte die Militärstrategen. Aufseiten der Taliban, der fundamentalistischen Gotteskrieger in Afghanistan, sollten auch Somalikämpfer gesichtet worden sein. Die Deutschen schlossen sich dem Vorgehen der USA an. In Somalias Hinterland waren es wieder die *ugassi*, die Führer der Klans und einzelner Klanlinien, die das zurückgelassene Machtvakuum eigenmächtig ausfüllen mussten.

Auf nationaler Ebene schien das Bemühen um eine politische Lösung erst nach dem Ausscheiden des amerikanischen Exadmirals Jonathan Howe Fortschritte zu machen. Kaum war der UN-Sonderbotschafter nach einem unglücklichen Jahr im Amt für eine Übergangszeit von seinem Stellvertreter Lansana Kouyate aus Guinea ersetzt worden, kam es zum Handschlag der *warlords*. Für Mohammed Farah Aidid war die Rolle des Friedensstifters ganz ungewohnt, aber er spielte sie nicht schlecht. Seit Wochen sei er in der kenianischen Hauptstadt Nairobi, »nur, um an diesem Frieden zu arbeiten«, sagte der so oft als Kriegsherr

verteufelte Mann mit dem Grauschimmer auf den Kräusel-
haaren.

Ohne rot zu werden, verlas Aidid vor einer Kulisse aus
Bougainvilleahecken und Hibiskussträuchern auf dem UN-
Gelände in Nairobi Sätze, die ihm keiner so recht abneh-
men wollte. Beispielsweise, dass die Notwendigkeit des
Friedens für das somalische Volk immer die Grundlage seiner Arbeit gewesen sei. Unterdessen schwitzte Erzrivale
Ali Mahdi Mohammed in der Sonne. Denn der Zufall hatte
Aidid wieder einmal in die Hände gespielt. Er durfte – so
wollte es die alphabetische Reihenfolge – vor Mahdi sprechen bei dieser feierlichen Zeremonie der Unterzeichnung
der Friedensdeklaration durch 15 somalische Kriegsfrak-
tionen. »Wir haben uns auf eine gemeinsame Regierung geeinigt, die Somalia aus dieser Tragödie führt.« Vergessen
der Steckbrief, vergessen die Jagd der U.S. Rangers auf diesen Mann, der monatelang als die Verkörperung des Bösen
geschmäht wurde. Als Volksheld, der als Einziger den ausländischen Usurpatoren widerstanden hatte, wurde er plötzlich wieder hoffähig.

Aidid war sich treu geblieben. Die Friedensvereinbarung von Addis Abeba, unterzeichnet fast genau ein Jahr
zuvor, ließ er ins Leere laufen. Alle anderen Versöhnungs-
gespräche münzte er zu demütigenden Auftritten für seine
Gegner um, wie im Dezember 1993 seinen triumphalen
Flug nach Addis Abeba an Bord einer amerikanischen Maschine. Oder er boykottierte schlicht die Friedensbemühun-
gen, wie den Vermittlungsversuch der Ägypter in Kairo.
Auch bei den Konsultationen in Nairobi, die bereits am
11. März 1994 begonnen hatten, war es immer wieder Aidid,
der eine Einigung verhindert hatte, auf Zeit spielte, ganz of-
fensichtlich den UN nicht den Erfolg gönnen wollte, noch
vor dem offiziellen Abzug der Amerikaner und der anderen
westlichen Blauhelme aus Somalia am 31. März eine Einigung der Kriegsparteien zu erreichen.

Ohne Aidid hatte Frieden in Somalia keine Chance. Mit ihm schien keiner möglich. Irgendwie ließ er sich dann doch noch umstimmen. Aidid konnte mit dem Text durchaus leben. In zwei wesentlichen Punkten hatte er sich durchgesetzt: Am 15. Mai 1994 sollte ein Präsident gewählt werden. Mahdi, der sich drei Jahre zuvor dazu ausgerufen hatte, würde es dann nicht einmal mehr dem Schein nach sein. Auch sollten, »wo nötig«, die lokalen Verwaltungsgremien neu besetzt werden. In diesem Punkt hatte Aidid UNOSOM immer vorgeworfen, willfährige Leute eingesetzt zu haben.

So kam es zur feierlichen Zeremonie vor den beiden blauen Flaggen Somalias und der UN. Aidid sprach Somali, Mahdi Englisch, die anderen 13 Klan- und Fraktionschefs hörten artig zu. Alle fünfzehn hatten sich geeinigt – aber nur grundsätzlich, nicht im Detail. Waffenstillstand, freiwillige Entwaffnung. Aber der wohl entscheidenste Punkt, die Zusammensetzung der Nationalen Versöhnungskonferenz, blieb offen. Es blieb also genügend Spielraum, den Text bei weiteren Gesprächen Mitte April in Mogadischu mit eigenen Vorstellungen zu füllen. Nach der Unterzeichnung führte UN-Sonderbotschafter Kouyate die beiden feindlichen Brüder Aidid und Mahdi zusammen. Erst dann schüttelten sie sich beide kräftig die Hände – für die Kameras. Und nach einigem Zögern fielen sie sich auch um den Hals – wie schon einmal vor zwei Jahren, an der »grünen Linie« quer durch Mogadischu.

Aus den für April 1994 vereinbarten Gesprächen in Mogadischu entstand auch keine Übergangsregierung für Somalia. Der Abzug der amerikanischen und europäischen UN-Kontingente aber erfolgte planmäßig. Im Land zurück blieb eine Streitmacht der Vereinten Nationen von etwas mehr als 17.000 Mann aus Pakistan, Indien, Malaysia, Ägypten und anderen Dritte-Welt-Staaten, deren Zahl Monat für Monat verringert wurde. Ende Juli besuchte UN-Generalsekretär Boutros Boutros-Ghali Mogadischu, um zumindest politisch ein Zeichen zu setzen, dass das Land am Horn von Afrika noch nicht ganz aufgegeben worden sei. Er setzte James Victor Gbeho aus Ghana als Sonderbotschafter ein. Dem Weltsicherheitsrat berichtete Boutros-Ghali im August, dass vor allem die Konflikte innerhalb der mächtigen Klanfamilie der Hawije einer politischen Lösung in Somalia entgegenstünden. Eine feine Umschreibung dafür, dass die Todfeinde Aidid und Ali Mahdi beide den Hawije angehörten, nur eben unterschiedlichen Klans: den Habirgedir und den Abgal. Ohne eine Einigung, ohne einen Kompromiss zwischen diesen beiden hatte eine politische Lösung des Somaliaproblems keine Chance.

Und das Schlitzohr Aidid hatte sich etwas Neues einfallen lassen, seine heimischen Gegner und den Rest der Welt auszutricksen, diesmal nicht mit Waffengewalt, sondern mit diplomatischer List. Vom 1. November an ließ er eine »Nationale Wiederversöhnungskonferenz« in seinem Teil Mogadischus tagen. Seine Verbündeten waren alle gekommen, nicht aber das andere Lager unter Ali Mahdi aus dem Norden Mogadischus. »Ali Mahdi und die anderen sind zu dieser Konferenz eingeladen, es gibt keine Zeitbeschränkung für ihr Kommen«, erklärte Mohammed Hassan Awale, politischer Berater Aidids. Allerdings, fügte er gleich an, werde die Konferenz »höchstens bis zum 25. November dauern« und dann eine Regierung bilden. »In dieser Übergangsregierung könnte Ali Mahdi eine Schlüsselposition einnehmen. Wir schließen niemanden aus.« Mahdis Drohung, eine eigene Regierung zu bilden, tat Awale scheinheilig als Verhandlungstaktik ab. Die Konferenzteilnehmer im *Peace House* repräsentierten schließlich die Mehrheit des somalischen Volkes.

Um von diesem »Friedenshaus«, tief im von Aidid kontrollierten Teil Mogadischus, in Ali Mahdis Norden zu kommen, benutzte man am besten einen UNOSOM-Hubschrauber. Kein im Süden angeheuerter Fahrer konnte es wagen, trotz der mit Kalaschnikows bewaffneten Wächter im Wagen die unsichtbare »grüne Linie« zu überqueren, welche die Stadt immer noch teilte. Einmal im Norden angekommen, empfing Ali Mahdi Besucher in seinem »Präsidentenbüro« und beschimpfte Aidids Konferenz als »Teil einer politischen Farce«. Sie sei einseitig, nicht repräsentativ. »Wir werden die Ergebnisse nicht akzeptieren«, sagte er und forderte, eine Konferenz der Unterzeichner der Friedensabkommen von Addis Abeba und Nairobi einzuberufen. »Alles andere ist eine Entführung des politischen Prozesses vom normalen Kurs.« Womit er Recht hatte, aber nie Recht bekommen sollte.

Hinter den Kulissen bemühten sich alle, noch vor dem endgültigen Abzug der UN, der für März 1995 festgelegt worden war, irgendeine Lösung zusammenzuzimmern. »Alle wichtigen Leute sind in der Stadt. Sie haben Kontakt untereinander, aber nicht auf derselben Konferenz. Ich würde es eine Nichtkonferenz nennen«, meinte der amerikanische Botschafter Daniel Simpson, der wie ein politisches Wiesel die Fäden zwischen den Parteien knotete. An einem Ort wie Mogadischu verbiete es sich, zu optimistisch zu sein. Aber es gebe Gespräche »aller untereinander«, die Somali seien des Kämpfens müde, »und die Welt geht und wird nicht zurückkommen«.

Der Rückzug der UN-Truppen bis Ende März war unwiderruflich. Das bestätigte auch der neue UN-Sonderbotschafter Victor Gbeho immer wieder. »So steht es in der Resolution 954 des Weltsicherheitsrates.« Trotz der sinkenden Zahl an UN-Soldaten blieb es in Somalia erstaunlich ruhig. Nur in der Hiran-Region, in der die Deutschen stationiert gewesen waren, brachen immer wieder einmal Kämpfe aus. In Mogadischu hoffte jeder, beide Seiten würden zur Realität zurückkehren und bis zum völligen Abzug eine Regierung bilden. »Wem sollte ich sonst die Schlüssel übergeben?«, fragte UN-Mann Gbeho zynisch. »In der Politik hätten wir erfolgreicher sein können«, räumte er ein. »Aber wir waren hier, um zu assistieren, nicht, um eine Regierung einzusetzen. Die Verantwortung liegt bei den Somali.« Keiner wollte schuldig gesprochen werden, verantwortlich sein für das Misslingen der Mission, das Chaos zu beenden und Ordnung in das Land der Anarchie zu bringen. Fatalismus machte sich breit. In der Wachstube am Tor des UNOSOM-Geländes klebte ein Sticker: »Bitte lächeln, morgen wird alles noch viel schlimmer.«

Immer noch kostete UNOSOM jeden Tag drei Millionen Dollar. Nur verständlich, dass bei solchen Summen der Nutzen der Militärs immer wieder angezweifelt wurde. »UNOSOM versteckt sich hinter Stacheldraht, Beton und Panzern, nun packen sie ihre Spielzeuge ein und schützen sich gegen marodierende Banditen«, kommentierte bissig eine Helferin die letzten Tage von UNOSOM. Karl Weis, der für Diakonie und Caritas bereits zwei Jahre in Mogadischu war und in den gefährdeten »roten Bezirken« arbeitete, versuchte einen positiven Aspekt zu entdecken: »Wenn die Somali uns hier haben wollen, werden sie selbst für unsere Sicherheit sorgen.«

Die Wirklichkeit sprach dieser Hoffnung Hohn. Wie die Mitarbeiter aller anderen Hilfsorganisationen zahlte auch Weis Schutzgelder von im Schnitt 120 Dollar pro Mann und Monat. Autos wurden auch in UN-Zeiten von Somali gemietet, weil importierte Fahrzeuge sofort gestohlen wurden. Es hatte sich nicht viel an den Problemen der Helfer geändert, wegen derer der UN-Militäreinsatz ursprünglich begonnen wurde. Die Helfer mussten weiter bezahlen, um arbeiten zu können.

»Wir bleiben so lange wie möglich im Land, aber für einige Wochen werden wir wahrscheinlich rausgehen, um zu schauen, wie sich die Situation entwickelt«, kündigte Dick Quellette an, der Leiter der Hilfsorganisation CARE International, die seit 1982 in Somalia arbeitete, an. »UNOSOM«, fügte er hinzu, »war für uns außer beim Transport kaum eine Hilfe.« Für ihre Sicherheit zum Beispiel hätten die CARE-Mitarbeiter stets selbst gesorgt. Aber alle Helfer verließen Somalia, bevor der letzte Blauhelm den Strand von Mogadischu verlassen hatte. Ihre Mitarbeiter allein in Somalia zurückzulassen, das Risiko wollte keine Organisation eingehen.

Die Pessimisten warteten nur darauf, dass alles wieder von vorne beginnen würde. Vieles sprach dafür. Die beiden Lager um Mohammed Farah Aidid und Ali Mahdi standen sich nach wie vor unversöhnlich gegenüber. Beide redeten vom Frieden, während sie die nächste Schlacht vorbereiteten. Beide hatten inzwischen »Wiederversöhnungskonferenzen« einberufen – ohne die jeweils andere Seite. Beide drohten, eine Regierung auszurufen. Ein Machtkampf der Worte und ein Suchen nach neuen Allianzen fand statt als Vorbereitung für die Zeitrechnung nach der UN-Mission. Deshalb wurden auch die Amerikaner in dieser Übergangszeit sogar wieder vonseiten Aidids hofiert. Botschafter Daniel Simpson pflegte regelmäßig Kontakt mit ihm. Und Aidids Berater Mohammed Hassan Awale war voll des listigen Lobes: »Wir bewundern die Amerikaner und besonders Präsident Clinton, der seine Fehler einsieht und bereit ist, sie zuzugeben.«

Längst schon hatte Washington, das am Ende der Bush-Ära mit hehren moralischen Grundsätzen ins Land gekommen war, zu seinem machtpolitischen Realismus zurückgefunden. Aidid wurde nicht mehr gejagt, sondern als unumgehbare Größe akzeptiert. Es galt, den UN-Abzug politisch abzusichern und beim Rückzug das Gesicht zu wahren. Also gab es noch eine – von den Amerikanern gewünschte – Friedensvereinbarung, am 21. Februar 1995 von Mohammed Farah Aidid und Ali Mahdi unterzeichnet. Darin erklärten sich beide bereit, die nationale Wiederversöhnung zu fördern und eine friedliche Lösung anzustreben. Beide akzeptierten das Prinzip der Teilung der Macht untereinander und versprachen, die Präsidentschaft nicht durch militärische Mittel erlangen zu wollen, sondern durch demokratische Wahlen. Das öffentliche Tragen von Waffen auf den Straßen von Mogadischu wurde darin weitgehend untersagt, die *technicals*, die somalischen Kampfwagen, mussten sich in festgelegte Gebiete zurückziehen.

Jetzt konnte die letzte Phase des Abzugs der Welt aus Somalia gefahrlos beginnen. 18 Kriegsschiffe, darunter mehrere amerikanische Hubschrauberträger, ankerten vor der Küste Mogadischus. 9.000 zusätzliche Soldaten, vor allem Amerikaner, aber auch Briten und Italiener, deckten den Rückzug. Vizeadmiral Scott Redd von der U.S. Marine meinte, die letzte Phase des Rückzugs in sieben Tagen bewältigen zu können. Alle Hilfsorganisationen waren angewiesen worden, ihre internationalen Mitarbeiter nach Nairobi auszufliegen. Am 28. März 1995 war der Rückzug von UNOSOM vollzogen. Die erste humanitäre Militäraktion der Vereinten Nationen war an Somalia gescheitert. Das konnten auch die Worte des UN-Sprechers in Somalia nicht beschönigen. George Bennett, der früher BBC-Korrespondent in Nairobi gewesen war, gab zu, dass UNOSOM das politische Ziel der Versöhnung nicht erreicht habe. Aber der Militäreinsatz sei notwendig gewesen, um den Hunger zu besiegen, trotz aller Gewalt. »Auch nach dem militärischen Rückzug wird es eine humanitäre und diplomatische Übergangszeit der UN von Nairobi aus geben«, fügte er hinzu. »Niemand beabsichtigt, Somalia aufzugeben.«

7. Somalia wieder allein zu Hause

Kaum war Somalia von der Welt wieder allein gelassen, tat sich in Mogadischu einiges. Kriegsherr Mohammed Farah Aidid, der maßgeblich zum Scheitern der UN-Friedensmission beigetragen hatte, musste um sein politisches Überleben kämpfen. Er wurde als Chef der Somalischen Nationalallianz (SNA) abgewählt. Also rief sich Aidid selbst zum Präsidenten aus und bildete eine Regierung, die, so sagte er, das Land am Horn von Afrika vor allem auch bei den Vereinten Nationen vertreten werde. Aber nicht nur sein Hauptrivale Ali Mahdi im Norden Mogadischus nannte dies »eine Komödie und einen Tagtraum«. Vor allem Aidids langjährige »rechte Hand« und Geldquelle Osman Hassan Ali Ato brach endgültig mit Aidid. Osman Ato führte die Palastrevolution unter den Habirgedir an und wollte gemeinsam mit Ali Mahdi endlich für Ruhe und Ordnung in Mogadischu sorgen.

Aidid, der Mann, mit dem kein Frieden zu schließen, ohne den Frieden aber nicht möglich war, hatte den Bogen inzwischen auch für manche im eigenen Lager überspannt. Osman Ato war vier Monate lang als Aidids Hauptverbündeter von den Amerikanern in Einzelhaft gehalten worden. Er hatte den Kopf für ihn hingehalten. Da war mehr als nur ein politisches Zweckbündnis zerbrochen. Der Riss ging tiefer, stark ins Persönliche. Aber auch die ökonomische Vernunft machte sich Luft. Der ständige politische Machtkampf, ausgetragen mit Waffengewalt, zerstörte jede Grundlage für einen wirtschaftlichen Aufbau. Händler und Geldschieber sind keine Demokraten. Aber auch sie brauchen ein berechenbares Umfeld, sie müssen ihre Gewinnchancen kalkulieren, ihr Investitionsrisiko und den möglichen Ertrag gegeneinander abwägen können. Mit einem Wort: Sie brauchen eine verlässliche Ordnung. Aidid aber war ein Unruhestifter, der jede Ordnung störte.

Der Bruch zwischen Osman Ato und Aidid deutete sich schon seit den Tagen des Abzugs der UN im März 1995 an. Damals sagte Osman Ato jedem, der es hören wollte, Aidid sei selbstherrlich und nur darauf aus, für sich die Präsidentschaft zu erlangen. Darüber vergesse er die Sorgen und Nöte der Allgemeinheit. Nach dem Sturz Aidids und Osman Atos Wahl zum SNA-Chef erklärte dieser öffentlich, Aidid habe dieselben Ambitionen und despotischen Charakterzüge wie Diktator Siad Barre, den sie gemeinsam entmachtet und vertrieben hatten.

Nach dem Kollaps der Diktatur von Siad Barre war Somalia entlang seiner Klanlinien zerfallen und in den totalen Bürgerkrieg abgeglitten. Endlich schien Bewegung in die scheinbar unverrückbaren Fronten zu kommen. Osman Ato, der Geschäftsmann und Finanzier, gehörte wie Aidid dem Habirgedir-Klan an. Zum einen hatte Ato offenbar die Mehrheit der SNA-Führung hinter sich gebracht; aber darüber hinaus nannten auch andere wie die Anführer der Darud-Klanfamilie oder Abdullahi Jussuf Ahmed, Chef der Somalischen Demokratischen Heilsfront und langjähriger Freund und Verbündeter Aidids, dessen »Wahl« zum Präsidenten einen Rückschritt für den somalischen Friedensprozess.

In Mogadischu bewegte sich also etwas. Die Opposition auf breiter Front gegen Aidid bedeutete eine wirklich positive Veränderung. Aber die Hauptstadt war noch lange nicht Somalia. Das Land hatte nun mehrere selbst ernannte Präsidenten, aber immer noch keine international anerkannte Regierung. Es gab unzählige Milizen, doch keine gesamtstaatliche Polizei oder Armee, geschweige denn ein Gesundheits- oder Schulwesen. Das Land zerfiel immer stärker in einen Flickenteppich einzelner Einflussgebiete. Als Einheit bestand es nur noch auf der Landkarte. Deshalb wollten Osman Ato und Ali Mahdi vom Abgal-Klan nun gemeinsam Delegationen zu den anderen Klans und Klanlinien im Lande schicken und diese gegen Aidid mobilisieren. Der wiederum konnte inzwischen seine Anhänger wie Ahmed Omar Jess nur durch die reichliche Vergabe von Ministerposten an sich binden.

Im allein gelassenen Somalia machte sich eine ziemlich verworrene politische Situation breit. Koalitionen zwischen Klans und Milizchefs wurden gewechselt und neu geschlossen. Es kam zu Kämpfen um kleinere Städte sowie um fruchtbare oder wasserreiche Regionen. Nur selten konnte man unterscheiden, ob es dabei um politische Macht und Einfluss ging oder einfach nur um Selbstbereicherung von Banditenhauptleuten. Wer die Kreuzungen und Brücken der großen Überlandstraßen kontrollierte, noch besser die Häfen und Flugpisten, der konnte Abgaben verlangen, Schutzgelder erpressen, Steuern erheben, hatte Bargeld in der Kasse. Die Menschen dazwischen mussten schauen, wie sie ihr Leben selbst meisterten, ohne staatliche Hilfe oder Ordnung, ohne Gesundheitswesen oder Schulen und nur noch mit spärlicher Hilfe aus dem Ausland. Die meisten Hilfsorganisationen hatten sich ganz zurückgezogen oder ihre Einsatzzentralen für Somalia nach Nairobi verlagert und arbeiteten im Land selbst fast nur noch mit einheimischen Mitarbeitern, welche die wenigen Hilfslieferungen an immer weniger Orten verteilten.

Somalia war wieder weitgehend auf sich gestellt. Das politische Establishment – ein hochtrabendes Wort für die Schicht der verfeindeten *warlords* und Klanältesten, die sich nur mit sich und ihren eigenen Machtproblemen beschäftigten – versagte. In dieser schier ausweglosen Situation aber öffneten sich Freiräume, die einzelne Somali nutzten, um in Eigeninitiative Zeichen zu setzen, dass es irgendwie mit Somalia weitergehen musste. Einer dieser mutigen Somali war in Mogadischu Elman Ali Ahmed. In der Hand ein Walkie-Talkie, ein weißes Hemd über der Hose, Turnschuhe ohne Bänder, das war der Rastamann, der das Wunder vollbracht hatte, nachts die Straßen im

Süden Mogadischus wieder lebendig und zugleich sicher zu machen. Elman hatte etwas ganz Einfaches getan, das aber in Mogadischu viel Mut und Engagement erforderte: Er hatte in den dunklen Straßen dieser zerschossenen und geplünderten Stadt auf eigene Initiative hin Lampen aufgehängt. Die speiste er über drei Generatoren mit Strom.

»Licht für den Frieden« nannte der frühere Elektrotechniker Elman dieses Projekt. Es bestand aus 12.650 Neonlampen und 78 Leuten, die diese Lampen warteten, reparierten und bewachten. Alles ohne Waffen, denn Elman Ali Ahmed war Pazifist. Seine Mitarbeiter waren zumeist Jugendliche, die er von den Milizen abgeworben und entwaffnet hatte. Wie er, hatten die meisten Leute den Krieg und das Chaos längst satt. Deshalb funktionierte Elmans Projekt, selbst am Kilometer 5. Hier lag in Somalias Hauptstadt einst das waffenstarre und mit Stacheldraht und Sandsackwällen völlig abgeschirmte UN-Hauptquartier. Diese andere Welt aber war vor einem Jahr abgezogen und hatte Somalia längst aufgegeben und vergessen.

Jetzt leuchteten Elmans Lampen hier. Deshalb hatten die Buden an der früher gefürchteten Straße, zusammengezimmert aus dürren Ästen mit darüber gespannten Plastikfolien oder Stofffetzen, noch nachts geöffnet. Leute schlürften Tee, saßen zusammen, hielten einen kleinen Schwatz. Nach Sonnenuntergang konnten auch Frauen wieder nach Hause schlendern, ohne Angst zu haben, an der nächsten dunklen Ecke überfallen zu werden. »Licht bedeutet Leben«, sagte Elman. Wo kein Staat existierte und das Leben schon friedlich genannt werden musste, nur weil der Krieg abwesend war, benötigte man mehr Leute wie ihn.

Anflug auf Mogadischu im März 1996: Seit dem vorhergehenden Sommer war der Flughafen in der Stadt wegen des Streits zwischen Norden und Süden, also zwischen Mohammed Farah Aidid und Ali Mahdi, geschlossen. Deshalb gingen die Maschinen mit Ladung und Passagieren für den

133

Südteil der Stadt 50 Kilometer vor Mogadischu auf einer Sandpiste runter. »Willkommen in Somalia«, begrüßte ein offiziell wirkender Herr im Safarianzug Ankömmlinge mit Handschlag. Er sammelte tatsächlich die Pässe ein und verlangte 25 Dollar Visagebühr. Das Stempeln dauerte keine fünf Minuten.

So etwas hatte es die vergangenen fünf Jahre nicht gegeben in Somalia. Doch schnell wurde klar, dass es auf dem Pistenflughafen, auf dem kaum Passagiere landeten, nicht allein um eine Einnahmequelle aus Visagebühren ging. Mit dem Einreisestempel sollte vor allem der Herrschaftsanspruch von *warlord* Aidid untermauert werden, der sich seit bald einem Jahr Präsident Somalias nannte. Gebühr bezahlt, Stempel im Pass, per Auto ging es weiter durch das Flusstal des Schebelles, der kilometerlang parallel zum Indischen Ozean fließt. Dann die nächste Überraschung: Auf der 50 Kilometer langen Strecke gab es nur eine einzige Straßenkontrolle. Somalia hatte sich in einem Jahr verändert.

Doch sogleich folgte die große Enttäuschung: Mogadischu war derselbe Trümmerhaufen geblieben. Es hatte sich nichts geändert. Nur dass keine weißen Fahrzeuge mit blauer Flagge mehr vorbeirasten, keine amerikanischen Hubschrauber in der Luft kreisten. Der Blick vom Gelände des ehemaligen UN-Hauptquartiers hinab zum Flughafen zeigte nur ausgestorbenes Gelände, leer, verlassen, aufgegeben. Ein Jahr zuvor noch hatten dort überall Transportmaschinen, Helikopter, Containerquartiere und Mannschaftszelte gestanden, waren auf der Betonpiste sogar die gigantischen amerikanischen Transportmaschinen vom Typ *Galaxy* gelandet. Inzwischen fegte der Wind nur noch Sand darüber.

Es war, als ob die zweieinhalbjährige Präsenz der Welt, die Milliarden Dollar verschlungen und viele Menschenleben gekostet hatte, niemals stattgefunden hätte. Sichtbare Spuren fanden sich keine, außer dass einer der »Beschützer« im Wagen statt einer AK-47 östlicher Bauart ein M-16-

Maschinengewehr der Nato in Händen hielt. Doch Waffen mussten registriert werden, die Lizenz kostete bei Aidid im Süden 20 Dollar im Monat. *Technicals*, die berühmten somalischen Kampfwagen mit einem schweren Maschinengewehr oder Granatwerfer auf der Ladefläche, waren nur noch selten zu sehen. Und wenn, dann trugen sie Nummern, aufgepinselt mit weißer Farbe. Ein *technical* mit Nummer gehörte zur Streitmacht Aidids, ohne Nummer waren es »Banditen«. Der selbst ernannte Präsident sorgte also für Ordnung, für seine Ordnung. Lange war es nicht mehr so sicher gewesen in Mogadischu, zumindest ein Gefühl relativer Sicherheit stellte sich ein. Somalia, auf sich selbst gestellt, suchte seinen Weg.

Im Norden, erzählte ein früherer hoher Verwaltungsmann des einstigen Diktators Siad Barre, der sich nur als »MMK« vorstellte, ginge es noch weiter mit »der neuen Staatlichkeit«. Dort sorgten Scharia-Gerichte für öffentliche Ordnung. Diebstähle oder geschäftliche Streitereien, sagte er, würden vor die islamischen Richter gebracht, verhandelt und sogar mit »Aktennummer« abgelegt. Der Islam begann in Somalia die Lücke zu füllen. Vielleicht war dies die einzige Chance für das Land und seine Menschen, wieder Tritt zu fassen. Aus eigener Machtvollkommenheit konnten die Kriegsherren keine zivile Ordnung schaffen, sich untereinander zu einigen war noch aussichtsloser. Also hatte der Norden Mogadischus sich auf das »neutrale« islamische Recht zurückgezogen. Dagegen konnte in dem muslimischen Land kaum argumentiert werden.

Die Scharia ist die Pflichtenlehre und das religiöse Recht des Islam. Für den gläubigen Muslim umfasst sie alles. In ihr sind zum einen seine kulturellen Pflichten festgelegt: das Gebet, das Fasten, die Almosen, die Pilgerfahrt. Hervorgegangen ist die Scharia aus dem Koran und sie wurde vor der ersten Jahrtausendwende von islamischen Gesetzesgelehrten durch die *Sunna* ergänzt, das »normative Handeln« des Propheten Mohammed. So findet der Muslim in der Scharia auch die ethischen Normen für sein tägliches Handeln – und Rechtsgrundsätze für alle Lebensbereiche: Ehe, Erbschaft, Vermögensfragen, Wirtschaft sowie die Sicherheit innerhalb der Gemeinschaft und gegenüber anderen.

Seit der Einführung der Scharia im Norden Mogadischus war in diesem Teil der zerstörten Hauptstadt Somalias das Verbrechen so gut wie verschwunden. Dort konnte man ohne Angst auf der Straße gehen, seinen Verkaufsstand betreiben, brauchte keine Angst vor Autodieben zu haben. Niemand außer der »Polizei« der islamischen Gerichte durfte Waffen tragen. Und die Gerichte verhängten zum Teil drakonische Strafen: Finger- oder Handabhacken. Diese Urteile waren freilich selten und wurden noch seltener ausgeführt, auch wenn die westliche Presse vor allem diese Auswüchse zu beachten schien. Viel wichtiger aber war, dass auch Gerichtsakten über geschäftliche Streitfälle angelegt wurden. Damit entstand ein Mindestmaß an Rechtssicherheit. Der weit »westlicher« gesinnte Ali Mahdi war seinem Rivalen Mohammed Farah Aidid damit einen Schritt vorausgeeilt.

Die Einführung der Scharia-Gerichte war ein voller Erfolg. Dieser Erfolg war sofort zu sehen und zu spüren auf einer »Tour« durch beide Teile Mogadischus: Im Süden ging es vorbei am Sahafi und Nasahablot, den beiden Hotels, in denen früher die internationale Journalistenmeute zusammengehockt hatte. Beide waren geschlossen. Es gab keine Westler mehr, schon gar nicht mehr im Süden. Also gab es auch keine Jobs mehr bei ihnen. Die Verbindungsbüros der meisten westlichen Hilfsorganisationen befanden sich im sicheren Norden, besetzt allerdings auch dort nur mit Ortskräften. Die internationalen Repräsentanten arbeiteten in Kenias Hauptstadt Nairobi und kamen nur ab und an für ein paar Tage nach Mogadischu, um nach dem Rechten zu sehen.

Aber im Norden der Stadt arrangierten sich Menschen mit ihrem neuen Leben. Überall waren kleine Verkaufsstände. Mit ein bisschen Suchen war fast alles zu bekommen: Reis, Gemüse, Kamelfleisch oder Milch, Motorenöl, Benzin, Diesel, Zigaretten. Jeder handelte, hier ein bisschen, dort ein bisschen. Feste Einkünfte gab es nicht, aber zumindest ein bisschen Ordnung. Schon kehrte der Unternehmergeist zurück. Abdirahman Abukar war so ein Unternehmer. Er wartete mit seinen zwei Wagen an der »grünen Grenze«. »Wie früher Berlin«, lachte er bei der Fahrt durchs Niemandsland der geteilten somalischen Hauptstadt. Im Norden hatte Abukar eine große Werkstatt, betrieb mit Generatoren, ähnlich wie Elman im Süden, eine Straßenbeleuchtung, stellte jede Nacht auch Eis her zur Kühlung von Nahrungsmittelvorräten bei tagsüber fast 40 Grad im Schatten. Sobald das Geld dafür reichte, wollte er seinen riesigen Tank fertig bauen und die Pumpe anschließen, um auch Trinkwasser zu verkaufen. Ein ehemaliger Geologieprofessor verkaufte im Norden bereits sauberes Wasser. Andere konnten ihre Ausbildung noch weniger nutzen. Schulen gab es kaum, und wenn, dann wurde nur bei den Moscheen in den Koranschulen unterrichtet. Im »ordentlichen« Norden unterhielt das Rote Kreuz noch ein Krankenhaus, im großen Hospital im Süden dagegen gingen die letzten Medikamente aus.

War das alles der Verdienst der »Islamisierung« des öffentlichen Lebens im Norden? Der Preis für die Rückkehr des kleinen bisschen Normalität in seinem Einflussgebiet war für Ali Mahdi allerdings hoch. Scheich Mohammed Ali, der oberste Khadi – der Oberrichter von Nordmogadischu –, habe längst de facto einen Großteil der Macht übernommen, munkelten bereits viele. Scheich Mohammed befehligte die »Polizei«, Scheich Mohammed war die letzte Berufungsinstanz bei Streitigkeiten. Die weltliche Macht ließ die Religiösen gewähren. Sie schafften, was sonst keiner fertig gebracht hatte: Ordnung. Aber was sollte aus der nächsten Generation werden? War Somalia auf dem Weg, ein islamischer Staat zu werden?

Was der Norden konnte, war dem Süden billig. Dort waren es Militärgerichte, die den Anschein eines legalen Systems erwecken sollten. Aber war damit allein schon Staat zu machen? Was war mit Wohnung, Wasser, Essen und vor allem Jobs? 99 Prozent der Menschen hatten keine Arbeit. Immer noch kampierten überall Vertriebene zwischen den Trümmern der Stadt. Sie trauten sich nicht nach Hause, die meisten Regionen im Land waren unsicher. Sie hatten auch nichts, was sie auf ihren verlassenen Feldern hätten aussäen können, nichts, um draußen im Land bis zur ersten Ernte zu überleben. Somalia war ganz unten angekommen. Bisher waren die Parteiungen scharf entlang der Klans und Klanlinien verlaufen. Doch die traditionelle Klangesellschaft war nicht mehr imstande, das wirtschaftliche Überleben zu sichern. Selbst Fraktionschefs wechselten neuerdings die Seiten. Ganze Regionen suchten eigene Lösungen. Vielleicht würde das die Klans zur Besinnung bringen.

Aidid, der *warlord*, war seit Monaten nicht mehr in Mogadischu. Er »bereiste« das Land und schwörte die Leute auf sich ein, mit Worten und, wenn das nicht half, mit Waffengewalt. Dennoch schwammen ihm die politischen Felle davon, seit er sich als Zeichen der vermeintlichen Stärke von seinen Anhängern zum Präsidenten hatte wählen lassen. Ali Mahdis Rückzug auf den Islam als Ordnungskodex hatte Aidid immer als Schwäche belächelt. Aber aus eigener Machtvollkommenheit konnte er in den von ihm kontrollierten Gebieten keine zivile Ordnung schaffen. Seine Militärgerichte blieben der Willkür und seinem »präsidialen« Veto ausgeliefert. Der Norden Mogadischus florierte wirtschaftlich – zumindest im Vergleich zu den Vorjahren –, Aidids Süden dagegen stagnierte. Also musste auch Aidid sich im Juli 1996 auf das »neutrale« islamische Recht zurückziehen – und damit letztendlich den Geistlichen die Macht überlassen. Der Siegeszug der Scharia-Gerichte durch Somalia begann.

Der Islam ist nicht gut oder schlecht. Der Islam ist eine Religion. Welche Auswirkungen seine »Herrschaft« hat, hängt davon ab, was die Menschen daraus machen. Für Somalia war die Einführung der Scharia als Rechtsnorm zu diesem Zeitpunkt vielleicht die einzige Chance. Denn das Hauptproblem des Landes schon vor dem Sturz des Diktators Siad Barre 1991 war das Fehlen öffentlicher Ordnung. Als Barre endlich aus dem Land vertrieben war, zeigte sich, dass die »Revolutionäre« – damals noch Aidid und Mahdi Arm in Arm – nichts anzubieten hatten, was die Ordnung der Diktatur ersetzen konnte. Es gab keine demokratische Tradition in Somalia, nur einen kurzen demokratischen Versuch. Davor hatten verschiedene Kolonialreiche über das Territorium geherrscht. Woran sollte Somalia anknüpfen, an welche seiner Traditionen?

Kaum war der gemeinsame Feind geschlagen, löste sich die somalische Gesellschaft auf und führte untereinander Krieg, jeder gegen jeden. Deshalb kam es zur Hungerkatastrophe, deshalb marschierten im Dezember 1992 die USA als »Friedensstifter« ein, übernahmen die Blauhelme der UN die Aufgabe, Hunger und Anarchie zu überwinden. Der Hunger wurde besiegt, die Anarchie nie. Die Vereinten Nationen hatten mit ihrem diffusen Einsatzbefehl keine passende Ordnung anzubieten. Ihr »Friedensauftrag« degenerierte dazu, dass die UN-Truppe selbst »Konfliktpartei« wurde. Die letzten Blauhelme zogen geschlagen ab und überließen Somalia seinem Schicksal.

Jeder Versuch, das Land allein durch militärische Stärke zu einigen, schlug fehl. Unter den losen Zweckgemeinschaften der Milizchefs gab es keine Regeln und erst recht niemanden, der ihre Einhaltung hätte gewährleisten können. Also blieb die Anarchie, von Wiederaufbau keine Spur.

Niemand konnte das für eine Wirtschaft nötige Mindestmaß an Ordnung schaffen. Als Erster hatte Ali Mahdi im Norden Mogadischus erkannt, dass ohne ein allgemein akzeptiertes Recht Herrschaft auf die Dauer nicht möglich ist. Obwohl persönlich weit »moderner« gesinnt als Aidid, führte Mahdi die Scharia als Ordnungskodex ein. Um ein eigenes Recht zu entwickeln und einzusetzen, reichte auch seine Macht nicht aus. Der Erfolg mit den Scharia-Gerichten gab ihm Recht. Auch General Aidid musste klein beigeben und einsehen, dass sich mit Waffengewalt allein kein Staat machen ließ. Menschen lassen sich auf die Dauer nicht allein mit dem Gewehr regieren. Aidids Schwenk, auch im Süden die Scharia als Ordnungsinstrument zu etablieren, war das Eingeständnis einer Niederlage. Weil der Westen und die moderne Welt kein brauchbares Rezept anzubieten hatten, bekam nun der Islam seine Chance.

Somalia griff auf eine seiner eigenen, alten Traditionen zurück. Seit dem Mittelalter waren es die wandernden Gelehrten gewesen, die *wadado*, die unter den Nomaden Recht sprachen, Ehen schlossen, als Notare fungierten und die Kinder unterrichteten – im Koran. Jetzt waren es die Scharia-Gerichte, die diese Lücke füllten. Die Loyalität der Somali galt immer zuerst ihrem Klan, erst dann dem Glauben. In Somalia hatte der Islam deshalb seine ganz eigene Prägung erfahren. Kaum ein einfacher Somali hatte und hat die Chance, auf die Pilgerfahrt, die *Hadsch,* zu gehen und am Grabmal des Propheten in Mekka zu beten. Wichtiger waren in Somalia immer die Gräber der lokalen Heiligen, nicht das ferne Arabien.

Arabien aber kam nun verstärkt nach Somalia – in Gestalt sozialer Hilfsorganisationen. Der Islam ist ähnlich dem Christentum eine Missionsreligion. Beide Religionen sorgen sich nicht nur um das geistliche Befinden ihrer Schäfchen. Beide Religionen versuchen auch, ihre Gemeinden sozial zu unterstützen und vor allem Gebrechlichen, Verarmten, Hilflosen unter die Arme zu greifen. In Somalia gab es für ein solches Engagement genügend zu tun. Entsprechend schnell breiteten sich Hilfsorganisationen über das Land aus, die den roten Halbmond oder das Grün des Islam in ihrer Flagge führten. Diese machten Sozialstationen auf, verteilten Kleidung und Essen, unterhielten Schulen. Finanziert wurden diese Organisationen meist aus Saudi-Arabien, Bahrain, Ägypten oder Libyen. Die arabische Welt hatte das muslimische Somalia als Sozialfall – und ihre Einflusszone wieder entdeckt.

Die Hilfe von außen war bitter nötig für das völlig am Boden liegende Land. Aber Einfluss und Macht verderben bekanntlich. So wie Scheich Mohammed Ali, der oberste Khadi von Nordmogadischu, Stück um Stück die Macht an sich riss, öffnete die Hilfsbedürftigkeit Somalias auch den fundamentalistischen Strömungen des Islam Tür und Tor. Nicht nur der arabische Einfluss verstärkte sich. Die muslimischen Fundamentalisten waren auf dem Vormarsch. Dabei ist Fundamentalismus nicht gleichzusetzen mit Terrorismus. Aber der Weg von einer absoluten Überzeugung hin zu einer angeblich durch Glauben oder Religion gerechtfertigten Gewalttat ist allzu kurz, die Grenze schnell überschritten.

Schon in der Endzeit von Diktator Siad Barre gab es in Somalia geistliche Würdenträger, die sich zu einem islamisch-fundamentalistischen Oppositionsbündnis zusammenschlossen. Sie nannten ihre Gruppe al-Ittihad al-Islami – »die Einheit des Islam«. Das politische Ziel dieser Gruppierung, die finanziell auch von »arabischen Kaufleuten« aus Mogadischu unterstützt wurde, war die Schaffung eines unter dem Banner des Islam vereinten Großsomalia. Im Bürgerkrieg 1991 gründete al-Ittihad eine eigene Miliz, die nach vagen westlichen Geheimdienstberichten aber nie über mehr als 2.000 Kämpfer verfügte. Über diese Miliz war al-Ittihad verbündet mit Mohammed Farah Aidid. Aber al-Ittihad blieb nie sehr viel mehr als ein lockeres Bündnis unterschiedlicher, meist kleiner Fundamentalistengruppen. Dieses Netzwerk gleichgesinnter Zellen brüstete sich allerdings damit – wie später auch Osama bin Laden und seine al-Kaida –, am Militärdesaster der Amerikaner im Oktober 1993 aktiv beteiligt gewesen zu sein. Offenbar bestanden schon zu dieser Zeit Kontakte zwischen den beiden militanten Fundamentalistengruppierungen.

Mitte der 1990er-Jahre war al-Ittihad vor allem im Süden Somalias tätig. Dort baute die Gruppe und unterhielt unter dem Deckmantel der Hilfsorganisation al-Itisam al-Islam zumeist Koranschulen. Viele Sympathisanten und Mitglieder der al-Ittihad waren auch unter den Richtern der Scharia-Gerichte im ganzen Land zu finden. Aber al-Ittihad war zudem ganz weltlich in der Ausbildung von Terroristen engagiert; nach eigener Auffassung freilich handelte es sich dabei um Freiheitskämpfer, die zur Verwirklichung der Vision eines Großsomalia notwendig waren. Schließlich mussten für das erklärte politische Ziel von al-Ittihad große Landstriche der Nachbarländer Kenia und Äthiopien »befreit« werden, in denen hauptsächlich Somali leben.

Al-Ittihad al-Islami richtete auf der Insel Rasamboni, nur knapp 20 Kilometer nördlich der Grenze zu Kenia, und in Lug am Oberlauf des Flusses Juba, nahe der Grenze zu Äthiopien, Trainingscamps ein. Al-Ittihad war und ist die einzige somalische Organisation, die ihre Gewaltbereitschaft über die Grenzen Somalias hinaustragen wollte – und dies auch tat. 1996 explodierten in Hotels der äthiopischen Hauptstadt und der Provinzzentrale des Ogaden, Dire Dawa, Bomben. Äthiopiens Transportminister, von der Abstammung her ein Somali, wurde getötet. Äthiopien machte öffentlich al-Ittihad für den Mord und die Anschläge verantwortlich. Somalischer Terror, der Anschläge im Namen des Islam auch im Ausland verübte, war entstanden. Sowohl 1996 als auch 1997 marschierten äthiopische Truppen in Südsomalia ein und zerstörten nach eigenen Angaben Trainingscamps der islamisch- fundamentalistischen al-Ittihad bei Lug. Die Somali hatten dort nicht nur eigene Kämpfer ausgebildet, sondern auch Mitglieder befreundeter »Befreiungsbewegungen« wie den äthiopischen Oromo und »internationale Kämpfer«. Das ließ sich Äthiopien nicht gefallen. Somalia war ein einfaches Opfer. Niemand kümmerte sich um Völkerrecht oder Souveränität eines Staates, den es nicht gab.

Einer der Finanzgeber der Ausbildungslager von al-Ittihad soll das al-Kaida-Netzwerk von Osama bin Laden gewesen sein. Aus Lug musste sich al-Ittihad zurückziehen. Daraufhin machte sich die Organisation im kaum zu kontrollierenden Dreiländereck Somalia-Äthiopien-Kenia breit und richtete sich auch im Nordosten Somalias nahe des Horns ein – beides Gebiete, in denen der Madscherten-Klan zu finden ist (mehr dazu im nächsten Kapitel: *Spuren des Terrors*).

Neben der Hinwendung zum Islam sollte das Jahr 1996 aber für Somalia noch eine ganz andere Wende bringen. Somalias selbst ernannter Präsident, Milizchef Mohammed Farah Aidid, starb. Er erlag Anfang August – fast möchte man sagen: standesgemäß – den Folgen einer Schussverletzung. Auch mehrere Operationen hatten den 61 Jahre alten Mann nicht mehr retten können. Aidid war im Juli bei Kämpfen in der Hauptstadt Mogadischu in die Brust getroffen worden. Nach Bekanntgabe seines Todes blieb es überraschend ruhig in Mogadischu. Ali Mahdi rief nach der Beerdigung Aidids einen einseitigen Waffenstillstand aus. Heimliche Hoffnung auf Frieden machte sich breit, jetzt, wo der Rädelsführer der Gewalt tot war. Aber es dauerte keine zwei Wochen, da hatte der alte Aidid einen ihm würdigen Nachfolger: seinen Sohn Hussein.

Karrieren wie die von Hussein Aidid sind nur in Somalia möglich, nicht einmal die fantasievollsten Hollywood-

Autoren können sich so etwas ausdenken. Und wenn sie es täten, würde ihnen keiner glauben. Der Junior übernahm mit knapp 34 Jahren alle Ämter und Feinde seines Vaters. Von sich selbst sagte er: »Beruflich denke ich wie ein Amerikaner, aber ich fühle wie ein Somali.« Denn Hussein Aidid hatte die meiste Zeit seines Erwachsenendaseins bis dahin in den USA gelebt. Seine Mutter war nach ihrer Trennung von Aidid senior 1976 dorthin gegangen.

»Ich habe 16 Jahre in den USA gelebt, Amerika ist Teil meines Lebens. Alles, was ich beruflich bin, habe ich in Amerika gelernt«, prahlte Hussein Aidid. Damit sprach er vor allem seine militärische Ausbildung an. Nach dem Ingenieurstudium musterte Hussein Aidid 1987 bei den U.S. Marines an. Er kam zur Battery B, 14th Marine Regiment in Pico River in Kalifornien. »Einmal ein Marine, immer ein Marine«, sagte er stolz in somalisch akzentuiertem Englisch. Der muskulöse Körperbau, der ihm aus dieser Zeit geblieben war, hob ihn deutlich von den ansonsten hageren und schlanken somalischen Kämpfern ab.

Schon einmal war Hussein Aidid kurzfristig international aufgefallen. Als Obergefreiter Hussein Farah kam er mit den ersten US-Truppen der Operation »Restore Hope« im Dezember 1992 nach Somalia – als Dolmetscher. Er blieb nur knapp drei Wochen, bis klar wurde, dass Mohammed Farah Aidid sein Vater war, der Mann, der nur Monate später steckbrieflich gesucht und dem unter anderem der Tod von 18 U.S. Marines angelastet wurde. Aber Hussein Aidid kehrte nach dem Abzug der UN-Truppen 1995 endgültig von Kalifornien nach Somalia heim. Er heiratete, eroberte in einem Blitzkrieg die wichtige Provinzstadt Baidoa und wurde von seinem Vater dort zum »Sicherheitschef« ernannt.

Der plötzliche Tod seines Vaters katapultierte Hussein Aidid auf den Stuhl des einseitig ausgerufenen »Interimspräsidenten« von Somalia. Viel mehr als eine Marionette war er nie. Vom Tag seines Einzugs in die »Villa Somalia« im Süden der zerschossenen Hauptstadt an war Hussein Aidid von den alten Beratern seines Vaters umringt. Dabei versuchte Aidid junior durchaus den Eindruck zu erwecken, nun sei er der starke Mann. »Ich glaube nicht, dass mir mein junges Alter zum Nachteil gereicht. Es gibt viele meiner Altersgruppe, die jetzt nachrücken.« Doch niemand zweifelte daran, dass die alten Mitstreiter seines Vaters, wie Jama Ghalib, der so genannte Außenminister, den Junior nur auf den Schild gehoben hatten, um nach dem unerwarteten Tod seines Vaters ein schnelles Auseinanderbrechen ihrer komplizierten Allianz zu verhindern.

Kaum war Aidid junior im Süden Mogadischus gekrönt, warnten seine Hauptrivalen – im Süden Osman Ato, im Norden Ali Mahdi – davor, Aidid juniors Blitzkarriere bedeute die Fortsetzung des Klankrieges in Somalia. Denn der junge Aidid hatte nicht nur den goldgefassten Stab seines Vaters als Symbol der Würde und Macht übernommen, sondern auch dessen schlechten Ruf: Koalitionen nur zum eigenen Vorteil einzugehen und auszunutzen, jeden Verbündeten sofort wieder zu verraten, wenn es der eigenen Machtposition irgendwie dienlich wurde. Auch Hussein Aidid unterzeichnete Friedensvereinbarungen wie die 1997 von Kairo, aber er hielt sich nicht an die einmal gemachten Zusagen. Politisch bewegte sich nichts, vor allem im Süden Somalias gab es bis zur Jahrtausendwende Kämpfe zwischen Milizen.

Aber das Land am Horn von Afrika schien in diesen Jahren alle Katastrophen anzuziehen: Diktatoren, Bürgerkrieg, Dürre, Hunger, misslungene UN-Friedenseinsätze, Klanfehden, Anarchie. Und 1997 schlug wieder der Zorn der Natur zu. El Niño, die klimaverändernde Urgewalt, hatte Ostafrika seit Oktober unter dicken, schwarzen Regenwolken versteckt und ohne Maß riesige Wassermengen auf die ansonsten dürren und sandigen Steppen der Nomaden mit ihren Kamelen und Ziegen ausgeschüttet. Diese Wassermassen bahnten sich nun ihren Weg zurück zum Meer, heraus aus dem Hochland Äthiopiens, quer durch Somalia entlang der Flüsse Juba und Schebelle. Tausende von Somali verloren ihr Leben, Hunderttausende waren auf der Suche nach Hilfe, Zehntausende Stück Vieh verendeten, mindestens 100.000 Hektar Ackerland wurden im Süden zerstört.

Die unglaublichen Regenfälle hatten ganz Ostafrika getroffen. An manchen Stellen regnete es mehr als 200 Millimeter pro Tag. Betroffen waren vor allem Gebiete, die sonst von großer Dürre gekennzeichnet waren. Und in Somalia traf die Unbill des Wetters auf eine Gesellschaft, die keinerlei Vorsorge für natürliche Katastrophen hatte treffen können. Zu sehr waren die Menschen mit sich und ihren Problemen untereinander beschäftigt gewesen.

»Wenn wir nicht sofort Hubschrauber und Boote erhalten, werden wir nicht mehr helfen, sondern nur noch die Toten dort beerdigen können«, erklärte in Nairobi Agostino Paganini, UNICEF-Koordinator der Hilfsaktion für die Region, erschüttert. Vor allem die Menschen entlang der Flüsse Schebelle und Juba, den Kornkammern Somalias, waren von den Überschwemmungen betroffen. Viele Häuser waren zerstört. Nun bedrohten Hunger und Krankheit das Leben der Menschen. Malaria und Cholera breiteten sich aus. Auf der Flucht vor den Fluten retteten sich nicht nur Menschen auf die trockenen Hügel an den Flussläufen, sondern auch Krokodile und Schlangen. Aus der Hafenstadt Kismaio meldete das Hilfswerk UNICEF, Juba und Schebelle hätten sich vereint und vor ihrer Mündung in den Ozean weite Landstriche überflutet. Letztmals war dies bei der großen Flut von 1961 geschehen. Damals waren Zehntausende umgekommen.

Die Regengüsse hatten im regierungslosen Somalia eine Katastrophe ausgelöst. Niemand schien ihrer Herr zu werden, keiner wollte so richtig helfen. Juba und Schebelle gleichen die meiste Zeit halb ausgetrockneten Wadis, die sich durch die braun verbrannte Landschaft schlängeln. Aber auf den feuchten Lehmböden entlang der Flüsse wächst fast alles. Dort liegen die Kornkammern Somalias, das sonst nur Kamele und Ziegen züchtende Nomaden ernährt. Im Juba- und Schebelletal grünt es immer. Üppige Pampelmusenfarmen und Bananenhaine gedeihen dort, angelegt noch von den italienischen Kolonialherren. Vor allem das Schebelletal, das sich über fast 300 Kilometer hinter den mächtigen Sanddünen fast parallel zur Ozeanküste entlangzieht, gleicht einem Garten Eden.

Der wochenlange Regen hatte alles auf den Kopf gestellt: Ganz Somalia grünte. Selbst die sonst staubigen Dünen entlang des Ozeans waren mit blühenden Sträuchern und sattem Gras bedeckt. Kühe, Ziegen und Kamele fraßen sich endlich richtig satt. Zugleich drohte den Menschen entlang der Flüsse der Untergang. Kaum aber kam ausländische Hilfe nach Somalia, setzte das Somaliasyndrom wieder ein: *Warlords* nutzten die Lage aus, verlangten »Zölle« für Hilfstransporte. Bootseigner, so World-Food-Programme-Sprecherin Michèle Quintaglie, kassierten für eine Rettungsfahrt sechs Dollar pro Kopf. Auch die Sicherheit der Helfer stand infrage. Der anarchische Machtkampf der Klans ging weiter. In Baidoa, auf das die Wassermassen zukrochen, lieferten sich eine lokale Miliz und Bewaffnete des »Präsidenten« Hussein Aidid aus Südmogadischu weiter heftige Kämpfe.

Weiter flussaufwärts liegt Bardera. Die Brücke dort, sonst meterhoch über dem Wasser, trennte nur noch zwei Handbreit von den Fluten, darunter lärmte das reißende Wasser. Angeschwemmte Baumstämme zerschlugen das Geländer. Der Fluss hatte Bardera überschwemmt. Auch Wochen nach der ersten Sturmflut im Oktober stand auf dem Markt noch das Wasser. Überall roch es vermodert, die

Wände der Lehmhäuser lösten sich auf. Bardera war einmal eine Hochburg des alten Aidid gewesen. Nach dessen Tod übernahm der Sohn die Macht. Inzwischen wurde die Stadt von Ali Mahdis Koalition kontrolliert. Für die Menschen in Bardera änderte sich dadurch nicht viel. Die Stadt war ruhig, das war ihnen wichtig. Aber das allein war nicht genug, um zu überleben.

Bardera zählte rund 30.000 Einwohner, in der umliegenden Gedo-Region lebten weitere 50.000 Menschen. Durch die Flut hatten sie 556 Kamele, 320 Kühe, 1.650 Ziegen, 400 Schafe und 59 Esel verloren. Ein örtlicher Tierarzt hatte alles auf einem Zettel aufgeschrieben. Doch was heißt das für den Mann aus der Stadt, der kein einziges Kamel mehr besitzt, keine einzige Ziege mehr melken oder verkaufen kann? Was soll er seinen Kindern dann noch zu essen geben?

So entstehen Katastrophen, Beispiel Bardera und die Gedo-Region: Zuerst kam der Regen und hörte nicht mehr auf. Ernte, Vorräte und Saatgut wurden zerstört. Als es im März 1998 wieder regnete, kamen die Ratten und Schädlinge. Die Ernte fiel mager aus, nur ein Drittel des Üblichen, kaum genug, um bis zum nächsten Regen zu überleben. Im Oktober aber kam der Regen nicht. Die nächste Katastrophe begann. Nach der Überschwemmung verstaubte das Land in der Dürre. Es war gespenstisch, im Frühjahr 1999 in Südsomalia über das eigentlich fruchtbare Land zwischen Bardera und Baidoa zu fahren, auf dem sonst Sorghum-Getreide gedeiht.

Jetzt lag der Boden ausgedörrt unter der Sonne da. Wehelow hieß eines der Dörfer entlang der Staubstraße. Die *munduls*, die Rundhütten, trotzten allein gelassen dem heißen Steppenwind – die Bewohner waren weg. In den Hütten standen noch die Holzbetten mit Reisigmatratzen. Ein Körbchen, sonst der Aufbewahrungsplatz für Eier, baumelte leer unterm Dach. In den kunstvoll zusammengesteckten Zweigen der Wand steckte ein Messer. Auch die *lohs* blieben

zurück, die schmalen Holzbretter mit den eingravierten Ko-
ranversen – die Menschen hatten alles stehen und liegen lassen. Die unterirdischen Getreidespeicher waren leer. Schon
kurz nach Sonnenaufgang war es 40 Grad heiß.

Hunger und Somalia, diese Wörter sind beinahe schon
Synonyme geworden. Das Land am Horn von Afrika pro-
duzierte in den vergangenen Jahren zu viel Hunger, Bürgerkrieg und Chaos. Die Katastrophen waren so zahlreich,
dass die Welt inzwischen tief gehende Vorurteile gegen das
Land und seine Menschen hat. Seit dem 11. September
steht das Land auch noch als Hort des internationalen Terrors auf der Fahndungsliste. Doch nicht jeder Somali ist ein
Fundamentalist oder Terrorist oder Milizführer, die meisten sind Nomaden, Bauern, Frauen, Kinder. Nicht ganz Somalia ist wie Mogadischu, die in Trümmern liegende Arena
der Banden und Milizen. Die meisten Gegenden sind friedlich, allein gelassen kämpfen die Menschen dort nicht gegeneinander, sondern gegen die harte und unnachgiebige
Natur und karge Landschaft.

Wie überleben Menschen in solchen Situationen? Frau-
en sammelten tagelang Äste, die sie zu kleinen Bündeln
wickelten, um sie als Feuerholz in der Stadt zu verkaufen.
Ihre Männer fragten auf den bewässerten Farmen entlang
des Flusses nach Arbeit. Doch es waren zu viele, die Arbeit
suchten, weil ihre Tiere verendet waren oder ihre Ernte ver-
dorrt. Und in der Dürre steigen die Preise für Nahrungsmittel.

Trotz allem versuchten die Menschen in Bardera, ein
normales Leben zu führen. Bürgerkomitees unterhielten
vier Grundschulen, es gab eine Koranschule, auch ein kleines Krankenhaus. Die beiden Ärzte Salim und Kassim versuchten zu helfen, soweit dies ohne viel Arznei und Opera-
tionsmöglichkeiten geht. Doch mit Naturkatastrophen
solchen Ausmaßes können Menschen hier allein im Niemandsland nicht fertig werden.

Abends riefen die Muezzins in der roten Glut der untergehenden Sonne die Gläubigen. Im letzten Tageslicht wusch drunten am Fluss eine Frau ihre Wäsche auf einem Stein. Neben ihr füllte ein Mädchen Plastikbehälter mit Wasser. Scheich Moktar mit seinem Bart, dem weißen Turban und dem Koran unter dem Arm, zeigte sich hilflos angesichts der Notsituation: »Wir Geistliche können den Menschen nur helfen, ihre Toten zu beerdigen.«

8. Spuren des Terrors

Am 11. Januar 2002 kritisierte der Präsident der Übergangsregierung Somalias, Abdulkassim Salat Hassan, sein Land werde von einer amerikanischen Propagandakampagne »terrorisiert«. Diese Kampagne porträtiere Somalia als mögliches Rückzugsgebiet für Anhänger von Osama bin Laden. Washington habe Somalia als ein mögliches Ziel in seinem Krieg gegen den Terror ausgemacht. Die Angst vor amerikanischen Luftangriffen aber behindere alle Anstrengungen, in Somalia Frieden zu schaffen. »Die Menschen sind terrorisiert zu sehen, dass das größte Land der Welt dieses arme Land bedroht, das seit zehn Jahren vom Bürgerkrieg zerstört wird«, sagte Abdulkassim Salat Hassan. »Wir wollen das Land vereinen, dafür brauchen wir die Hilfe der internationalen Gemeinschaft, damit Somalia nicht die Brutstätte künftiger Terroristen wird.«

Wie so oft bei Äußerungen somalischer Politiker vermischten sich bei dem Übergangspräsidentem Abdulkassim in diesem Fernsehinterview Fakten und Halbwahrheiten mit der ganz eigenen Sicht der Dinge. Doch Abdulkassim hatte auch recht, wenn er sagte: »Somalia ist nicht Afghanistan, die Übergangsregierung sind nicht die Taliban, ich bin nicht Mullah Mohammed Omar.« In Afghanistan waren die – völkerrechtlich nicht anerkannten – Taliban mit ihrer »Gottesherrschaft« de facto die Zentralregierung. Bis auf den schwachen Widerstand der Nord-Allianz kontrollierten die Taliban Afghanistan. Zur Absicherung ihrer Herrschaft waren die Taliban eine enge Allianz mit Osama bin Laden eingegangen. Die faktische Regierung Afghanistans kooperierte also mit dem internationalen Terror. Sie stellte das von ihr beherrschte Land dem Terror zur Verfügung – als Trainingsstätte, als Herberge, als Ausgangspunkt für weltweite Terroraktivitäten.

Niemand warf dies Somalia und seiner Übergangsregierung vor. Dazu fehlen die meisten Grundlagen in Somalia. Zuallererst: Die Übergangsregierung von Abdulkassim Salat Hassan kontrollierte Somalia nicht, nicht einmal große Teile davon. Diese so genannte Provisorische Regierung war aus einem neuen Friedensanlauf im Jahr 2000 hervorgegangen. Diesmal waren es vor allem arabische Staaten, welche die Somali zur Einigung drängten. Im Mai 2000 begann eine Friedenskonferenz in Arta in Dschibuti. Diese Konferenz verabschiedete eine dreijährige Übergangscharta und gründete ein Übergangsparlament, dessen Sitz zunächst außerhalb Somalias lag, in Arta selbst. Am 25. August 2000 wählte dieses Parlament Abdulkassim Salat Hassan zum Übergangspräsidenten.

Zur Vereidigung Abdulkassims, der unter Diktator Siad Barre Innenminister gewesen und nach dem Sturz des Regimes 1991 nach Kairo geflohen war, kamen am 27. August Vertreter zahlreicher Länder sowie auch der Europäischen Union und auch der Vereinten Nationen. Fast jede Hoffnung auf Frieden wurde unterstützt. Ende August wagte sich der neue Präsident nach Mogadischu und wurde begeistert empfangen. Aber die meisten, vor allem die wichtigsten und stärksten Milizchefs erkannten diese neue Übergangsregierung nicht an. Diese war auf arabische Initiative unter der Führung Dschibutis zustande gekommen und wurde aus Saudi-Arabien und dem Jemen finanziert. Abdulkassim und seine Mannen mussten sich deshalb gleich im September »aus Sicherheitsgründen« nach Baidoa zurückziehen. Die Beschlüsse von Arta hatten neue Kämpfe heraufbeschworen, sie waren nicht mehrheitsfähig.

Seit Mitte Oktober 2000 residiert Abdulkassim wieder in Mogadischu, in einem Teil der Hauptstadt, die inzwischen weiter aufgeteilt worden war. Eine kleine Zone davon nur »kontrollierte« die Übergangsregierung, außerhalb Mogadischus aber hatte sie kaum Einfluss. Doch im

Ausland trat Abdulkassim immer als der Übergangspräsident ganz Somalias auf. Er reiste nach Katar, in den Sudan, nach Libyen, nach Dschibuti und auch nach Italien. Steter Tropfen höhlt den Stein: Am 11. Januar 2001 wurde die Somaliaregierung unter Abdulkassim Salat Hussein offiziell vom Weltsicherheitsrat anerkannt. Dort sind die Amerikaner zwar Mitglied, Washington selbst jedoch erkannte die Übergangsregierung nicht an.

Aber der Vergleich mit Afghanistan stimmte: Abdulkassims Regierung hatte gar nicht die Macht und Möglichkeit, al-Kaida oder anderen Terroristen Tür und Tor zu Somalia zu öffnen. Denn Abdulkassim kontrollierte Somalia gar nicht. Dennoch war und blieb seine Regierung gerade den USA mehr als suspekt. Denn es hielten sich hartnäckig Gerüchte, das gerade die extremistische muslimische al-Ittihad Abdulkassims Regierung unterstütze. Sie übergab der Abdulkassim-Regierung Gebäude, stellte ihre Scharia-Gerichte der »neuen« Regierung zur Verfügung. Und mehrere Quellen behaupteten, viele der Polizisten und Soldaten der Übergangsregierung stammten aus ehemaligen Kampfverbänden der al-Ittihad-Miliz.

Die Zahlen, die in diesem Zusammenhang gerne genannt werden, scheinen weit übertrieben. 10.000 al-Ittihad-Kämpfer sollen es gewesen sein. Über so viele Männer unter Waffen hat die von geistlichen Führern um 1990 gegründete islamistisch-extremistische Organisation vermutlich nie verfügt. Aber Zahlenangaben sind in Somalia und ganz Afrika immer nur als Annäherungsgröße zu verstehen. Durchaus glaubhaft ist, dass al-Ittihad zum einen ganz geschickt die neue Übergangsregierung unterwanderte, indem sie Gerichte und Polizei zur Verfügung stellte, die von ihnen beeinflusst waren. Zum anderen sind Männer unter Waffen teuer. Sollte doch die neue Regierung die Kosten dafür übernehmen – was ihr Ende 2001 schon nicht mehr gelang. Mehr als vier Monate waren den Polizisten der Übergangsregierung keine Löhne mehr ausbezahlt worden. Anfang Januar 2002 kam es deshalb zu gewalttätigen Unruhen unter den Polizisten und Polizeianwärtern in dem Teil Mogadischus, der angeblich von der Übergangsregierung kontrolliert wurde.

Noch einen Monat zuvor hatte Präsident Abdulkassim Salat Hassan, auf den der internationale Druck immer stärker wurde, etwas gegen terroristische Aktivitäten in Somalia zu unternehmen, ganz staatsmännisch verkündet, »Spezialeinheiten« seiner Polizei hätten mehrere Ausländer festgenommen. Diese stünden unter Verdacht, Terroristen der al-Kaida zu sein, darunter seien Iraker, Palästinenser und Kurden gewesen. Was aus diesen Männern geworden ist, konnte oder wollte der Informationsminister dann wochenlang nicht mehr mitteilen. Dies ist auch kein Wunder, verfügte das Informationsministerium der Übergangsregierung Somalias doch nur über einen Telefonanschluss. Vor allem aber die angebliche Nähe zu oder Unterwanderung durch al-Ittihad-Mitglieder ließ Abdulkassim und seine Regierung in den Augen der Weltöffentlichkeit suspekt erscheinen.

Wohl auch deshalb tauchte Mitte Dezember 2001 eine Delegation amerikanischer Diplomaten nach Jahren der Abstinenz von Somalia in der südlichen Provinzstadt Baidoa auf und sprach mit mehreren Kriegsherren, die in Opposition zu Abdulkassims Regierung standen. Der Besuch der Amerikaner blieb nicht lange geheim und förderte in Somalia die Furcht oder Gewissheit, dass ein amerikanischer Militärschlag gegen Terroristenaktivitäten im Land am Horn unmittelbar bevorstehe.

Dafür gab es seit dem 11. September viele Hinweise. Noch zu Anfang des Jahres 2002 sagte der amerikanische Außenminister Colin Powell der Zeitung *Washington Times*, die USA behielten in ihrem weltweiten Antiterrorkampf vor allem Somalia im Auge. Powell hatte während des Somaliaeinsatzes der US-Streitkräfte 1992 bis 1994 als

General im Pentagon deren militärische Führung inne. Böse Zungen behaupten deshalb, er habe mit Somalia noch eine Rechnung offen. Allerdings schwächte Powell die Drohung gleich wieder ab, eine Entscheidung über eine etwaige Militäraktion in einem anderen Land neben Afghanistan sei noch nicht gefallen. Aber auch Amerikas Oberbefehlshaber in Afghanistan, General Tommy Franks, erklärte, die USA hätten Somalia als nächstes potenzielles Angriffsziel im Visier. In Somalia habe es früher »Aktivitäten« des Terrornetzwerks al-Kaida gegeben. Deshalb würde das Land nun »unter die Lupe« genommen. Man wolle ausschließen, dass dies immer noch der Fall sei.

Nach einem Bericht der *Washington Post* von Anfang des Jahres 2002 verlegten die USA eine Sondereinheit mit 3.600 Mann in die Region. Seit Dezember 2001 flogen amerikanische und britische Militärmaschinen Aufklärungsmissionen über Somalia. Mitte Dezember hatte der deutsche Verteidigungsminister Rudolf Scharping mit seiner Äußerung für Wirbel gesorgt: Es sei nicht mehr die Frage, ob in Somalia interveniert würde, sondern nur wann und wie. US-Verteidigungsminister Donald Rumsfeld nannte die Äußerungen Scharpings zwar gleich darauf Unsinn. Doch Paul Wolfowitz, Staatssekretär im amerikanischen Verteidigungsministerium, sagte nur Tage später: »Somalia ist praktisch ein Land ohne Regierung, ein Land, das bereits eine bestimmte Präsenz von al-Kaida hat.« Zum Jahreswechsel machte sich auch ein deutscher Flottenverband mit drei Fregatten und mehreren Versorgungsschiffen auf den Weg in den Golf von Aden. Bei ihrem ersten Kriegseinsatz seit dem Zweiten Weltkrieg hatte die deutsche Marine nach Presseberichten Feuer frei bekommen, sollte sie bei ihrer Suche nach möglichen Terrorbewegungen fündig werden. Als Versorgungshafen für die deutschen Schiffe sollte Dschibuti dienen. Dort unterhalten die Franzosen noch aus ihrer Kolonialzeit einen großen Militärstützpunkt.

Vorbereitungen für ein mögliches Engagement in Somalia begannen aber schon viel früher. Die amerikanische Geheimdelegation, die im Dezember Baidoa und die somalischen *warlords* des Südens besuchte, war nicht der erste und einzige Vorstoß amerikanischer Erkundungstrupps nach Somalia. Bereits Anfang Oktober 2001 war eine Delegation zu Gesprächen in Hargeisa und Berbera, hieß es aus amerikanischen Diplomatenkreisen in der kenianischen Hauptstadt Nairobi. Über den Inhalt dieser Unterredungen plauderten danach freimütig Mitarbeiter des Präsidenten der international nicht anerkannten Republik Somaliland, Ibrahim Egal. Den Amerikanern gehe es um den Luftstützpunkt in der Hafenstadt Berbera am Golf von Aden. Diese in den 1960er-Jahren von den Sowjets errichtete Landebahn ist mit vier Kilometern angeblich die längste Afrikas. Nach der Ausweisung der Sowjets aus Somalia 1977 – Moskau hatte sich im Ogadenkrieg auf die Seite Äthiopiens geschlagen – hatten die Amerikaner schon in den 80er-Jahren über die gelegentliche Nutzung der Landebahn verhandelt. Neben humanitären Aktionen war sie auch als Notlandebahn für den amerikanischen Spaceshuttle vorgesehen.

Im »Krieg gegen den Terror« könnte diese für militärische Zwecke ausgelegte Start- und Landebahn bestens als Luftwaffenstützpunkt dienen. Von dort ließen sich sowohl der Golf von Aden aus der Luft überwachen als auch mutmaßliche Ausbildungscamps der fundamental-islamistischen Organisation al-Ittihad al-Islami in Somalia bombardieren. Denn eines dieser militärischen Trainingscamps sollte sich im Norden Somalias in Laskoraj befinden. Al-Ittihad, »die Einheit des Islam«, war seit dem 11. September immer wieder von den amerikanischen Geheimdiensten mit dem Terrornetzwerk Osama bin Ladens in Verbindung gebracht worden, nicht zuletzt wegen der traumatischen Ereignisse vom 3. Oktober 1993, bei denen allein die US-Truppen 18 Mann und vier Hubschrauber in Somalia verloren.

Im Norden Somalias passen die Vorzeichen für eine Koalition der Interessen aus somalischer Innenpolitik und amerikanischer Außenpolitik. Denn der Präsident der Republik Somaliland, Ibrahim Egal (mehr zu diesem Sonderweg im nächsten Kapitel), hatte ein ganz persönliches Interesse an einer Stationierung amerikanischer oder multinationaler Streitkräfte in seinem Zipfel Somalias: Seit mehr als einem Jahrzehnt kämpfte er um die internationale Anerkennung Somalilands. Im »Krieg gegen den Terror« könnte Egal seine ohnehin guten Beziehungen zu den USA und Großbritannien nutzen, um endlich zu diesem Ziel zu gelangen. Zum anderen hatte auch Egal ein vitales Interesse an der Zerschlagung der radikal-islamistischen Organisation al-Ittihad. Fundamentalisten und die Klanchefs im Süden waren seine Gegenspieler.

So nährte Egal in einem Interview mit der *Frankfurter Allgemeinen Zeitung* bereits im Oktober den Verdacht, dass einige der florierenden Unternehmen Somalilands die Fundamentalistengruppen dort und auch in »Restsomalia« mit finanzierten. Sein Ziel, Somaliland mit einem Mehrparteiensystem in die Moderne zu führen, sei dort vielen alten Klanchefs ein Dorn im Auge. »Wenn die Klanchefs tatsächlich mit den Fundamentalisten koalieren, dann haben wir hier spätestens in drei Jahren ein zweites Afghanistan«, malte Egal den Teufel an die Wand.

So wie Egal gab es auf einmal viele Stimmen aus Somalia. Die USA und ihre Verbündeten hatten nach dem 11. September zunächst erfolgreich das al-Kaida-Netzwerk in Afghanistan zerstört. Nun richtete sich ihr Interesse darauf, die mutmaßlichen Nester des internationalen Terrors auch in Somalia zu zerstören und die Flucht international gesuchter Terroristen aus Afghanistan nach Somalia zu unterbinden. Dies rief seltsame Koalitionen unter bisher verfeindeten somalischen Parteiungen hervor. In diesem Punkt hatte der Übergangspräsident Somalias, Abdulkassim Salat

Hassan, Recht, als er sagte: Die gegen ihn kämpfenden Kriegsherren und Milizführer versuchten nur das erwachte amerikanische Interesse am Terror in Somalia zu nutzen, um ihn und seine Anstrengungen zu unterlaufen, in Somalia wieder eine zentrale Staatsgewalt zu etablieren. Diplomaten in Nairobi drückten denselben Umstand feiner aus: »Das neue Spiel in Somalia heißt: Ich nenne meinen Gegner einen Terroristen und hoffe, dass die Amerikaner ihn mir vom Hals schaffen.«

Deshalb muss man bei der Spurensuche nach dem Terror in Somalia sehr vorsichtig vorgehen und dabei erst einmal definieren, was unter Terror zu verstehen ist. Terror ist ein lateinisches Wort und heißt so viel wie Einschüchterung oder Unterdrückung. Es gibt ganz privaten Terror. Eltern können Terror über ihre Kinder ausüben (oder umgekehrt), Nachbarn über andere Hausbewohner. In der Politik dagegen wird mit Terror eine Schreckens- und Gewaltherrschaft beschrieben. Politischer Terror ist eine Form des politischen Machtkampfes. In Somalia haben Diktator Siad Barre und Kriegsherren wie Mohammed Farah Aidid politischen Terror ausgeübt.

Siad Barre übte Terror gegen das Volk Somalias aus. Er übernahm mithilfe des Militärs die Staatsgewalt illegal von einer demokratisch gewählten Regierung und baute seine Herrschaft, unterstützt vom östlichen und westlichen Ausland, gegen den Willen der meisten Somali zu einer Tyrannenherrschaft aus. Barre herrschte mit Terrormethoden, das Land erlebte unter ihm die schlimmste Form von Staatsterror – gewalttätige Unterdrückung der Opposition, genozitäre Rachefeldzüge staatlicher Mörderbanden wie der Red Berets gegen ethnisch definierte Bevölkerungsgruppen. Aber wir würden nie sagen, dass Siad Barre von Terroristen gestürzt wurde: Der Bürgerkrieg gegen Siad Barre und seinen Staatsterror war ein Befreiungskampf, ein Kampf gegen die ungerechte Herrschaft, der mit friedlichen, demokratischen Mitteln nicht beizukommen war. Die Gewalt des Staatsterrors provozierte und legitimierte die Gegengewalt.

Was war dann aber Mohammed Farah Aidid, ein Freiheitskämpfer oder ein Terrorist? So schwer dies auch zuzugeben sein mag: Aidid war beides. Als einer der militärischen Führer im Kampf gegen das totalitäre Barre-Regime war er durchaus eine positive Kraft. Es galt eine ungerechte und ungerechtfertigte Herrschaft zu stürzen. Ein Widerstandsrecht gegen die brutale Machtanmaßung gibt es in allen menschlichen Gesellschaften. Außerhalb Nazi-Deutschland wäre niemand für den Mord an Hitler verurteilt worden, die ganze Welt hätte den Täter als Held gefeiert. Der Sturz und die militärische Vertreibung des Diktators Siad Barre war kein Terrorismus, sondern ein Befreiungskampf.

Danach aber begannen *warlords* wie Aidid, Ali Mahdi, General Morgan und wie sie alle hießen, Somalia zu terrorisieren. Denn nun stritten sie untereinander und mit Waffengewalt darum, für sich ganz allein die Oberherrschaft in Somalia zu gewinnen. Sie gingen nicht den modernen Weg, durch allgemeine Wahlen ihre Herrschaft zu rechtfertigen. Sie schlugen auch nicht den historischen oder traditionellen Weg ein, die Entscheidung über die Berufung durch ein von allen Somali akzeptiertes und durch deren Tradition legitimiertes Gremium herbeizuführen, wie zum Beispiel einer Versammlung aller Klanältesten. Vielmehr übten sie in ihren Einflussgebieten über die Bewohner eine Terrorherrschaft aus und führten untereinander Krieg. Dagegen kam die Einmischung von außen, USA und UN schritten mit Waffengewalt gegen den Terror ein, den Somali über Somali verbreiteten. Nun wurde Aidid gänzlich zum politischen Terroristen.

Terrorismus definiert sich durch politisch motivierte Gewaltanwendung durch »revolutionäre« oder extremistische Gruppen und Individuen. Terrorismus versucht, durch gezielte Aktionen gegen besonders herausragende Vertreter des »herrschenden Systems« oder durch wahllos die Bevölkerung treffende Anschläge die Hilflosigkeit des Regierungsapparats und seiner Sicherheitskräfte bloßzustellen. Dadurch erhofft sich der Terrorismus, die Loyalität von den Herrschenden abzuziehen und eine revolutionäre Situation zu schaffen. Auf diese theoretischen Grundlagen des russischen Anarchisten Michail Alexandrowitsch Bakunin (1814–1876) beriefen sich unter anderem die deutschen RAF-Terroristen und versuchten ihr mörderisches Treiben durch die jahrtausendealte Tradition des Tyrannenmords zu rechtfertigen.

Die deutsche RAF ließ palästinensische Terroristen 1977 die Lufthansa-Maschine *Landshut* nach Mogadischu entführen. In den 90er-Jahren kämpfte Mohammed Farah Aidid gegen das in Somalia »herrschende System« der Vereinten Nationen und zielte mit seinen Anschlägen vor allem gegen die USA. Aidid aber war nie ein islamistisch-fundamentalistischer Terrorist. Er kämpfte nie für ein höheres Ziel, führte keinen »Befreiungskampf« gegen die westliche Dominanz der Welt und schickte seine Kämpfer nie in den internationalen Krieg gegen den »Satan aus Washington«. Vielmehr war er ein kleinlicher, aber sehr geschickter Machtspießer, der erkannt hatte, dass er in Somalia nicht mit den Amerikanern an die Macht kommen konnte.

Also schlug Aidid – nicht ohne Erfolg – den anderen Weg ein: die Stimmung gegen die Amerikaner aufzuheizen, als Freiheitsheld Sympathien auf sich zu ziehen – und dafür auch noch Unterstützung aus dem internationalen antiamerikanischen Terrorumfeld zu bekommen. Über welche Kanäle auch immer, ob über die mit ihm verbündete Fundamentalistenmiliz al-Ittihad oder über direkte Kontakte zu Osama bin Ladens al-Kaida-Netzwerk: Aidid erhielt Waffenlieferungen und Ausbildung für seine Kämpfer aus dem Lager des internationalen Terrors. Aber deshalb war Somalia noch keine Brutstätte für internationale Terroristen, höchstens ein billiges Opfer für deren verführerische Macht, Geld, Waffen und eine Ideologie liefern zu können. In Somalia akzeptierte jeder *warlord* bereitwillig Unterstützung von jeder Seite, wenn diese politische, militärische oder finanzielle Hilfe ihn im Kampf gegen seine nationalen Widersacher stärkte. Im Gegenzug dafür bot Somalia an, Schauplatz blutiger Niederlagen der Amerikaner zu werden. Aus Mangel an einer gesamtstaatlichen oder zumindest teilstaatlichen Ordnung wurde es darüber hinaus unkontrollierter Tummelplatz und bequemes Rückzugsgebiet für islamistisch-fundamentalistische Terrororganisationen und ihre Helfershelfer.

Der Kampf dieser Fanatiker gegen die westliche Globalisierung in Person der USA hatte längst begonnen. Immer wieder kreuzten sich in Somalia die Fährten dieses internationalen Terrors, der – anders als der palästinensische und arabische Terror gegen die USA als Schutzmacht Israels in der Nahostregion – lange vor dem 11. September zu einem Totalangriff gegen die angebliche Verwestlichung der gesamten Welt ausholte und die moralischen und politischen Fundamente der westlichen Demokratien erschütterte.

Dabei waren vielleicht sogar die blutigen Angriffe und Bombenattentate auf US-Angehörige der UN-Operation »Restore Hope« in Somalia 1992 und 1993 der Auftakt einer ganzen Serie mit dem al-Kaida-Netzwerk verbundener Terroranschläge, die am 11. September 2001 ihren schrecklichen Höhepunkt in New York und Washington fand. Denn die 1989 von dem saudischen Exilanten Osama bin Laden in Afghanistan gegründete al-Kaida soll nach Erkenntnissen des amerikanischen Geheimdienstes erst seit etwa 1992 mit ihren Terroraktivitäten begonnen haben.

Im Februar 1993 trug der Terror zum ersten Mal seinen Schrecken bis in die USA. Bei einem Autobombenanschlag auf das World Trade Center starben sechs Menschen, mehr als 1.000 wurden verletzt. Drahtzieher soll der blinde ägyptische Scheich Omar Abderrahman gewesen sein. Ihm werden Verbindungen zu Osama bin Ladens al-Kaida nachgesagt. Im November 1994 kam es in der philippinischen Hauptstadt Manila zu einem Attentatsversuch auf US-Präsident Bill Clinton, im Januar 1995 auf den Papst bei dessen Besuch dort.

Im Juni 1995 scheiterte ein Mordversuch an dem den USA freundlich gesinnten ägyptischen Präsidenten Hosni Mubarak in Addis Abeba, vier Personen starben. Bei einem Terroranschlag auf das Gebäude der saudischen Nationalgarde in Riad starben im November 1995 sieben Menschen, darunter fünf amerikanische Ausbilder. Wenige Tage später kam es zu einem Bombenanschlag ägyptischer Extremisten auf die Botschaft ihres Landes in Afghanistans Nachbarland Pakistan mit 18 Toten. Mit all diesen Terroranschlägen wird inzwischen die al-Kaida in Verbindung gebracht.

Sie soll auch mit einem Bombenanschlag auf ein Wohngebäude der US-Luftwaffe im saudi-arabischen Dhahran im Juni 1996 zu tun gehabt haben, bei dem 19 Amerikaner getötet wurden. Dann schreckte die Welt im August 1998 kurzzeitig erschüttert auf: Beinahe zeitgleich explodierten Bomben vor den amerikanischen Botschaften in Nairobi und Daressalam. Unter den 219 Toten in Nairobi waren auch zwölf Amerikaner. Aber das Ausmaß an Opfern unter völlig unbeteiligten Zivilpersonen, in ihrer Mehrzahl Kenianer, hatte es bis dahin nicht gegeben. Beide Anschläge in Ostafrika sollen vor allem in Somalia vorbereitet, Sprengstoff und Attentäter mit al-Kaida verbundenen islamischen Hilfsorganisationen nach Kenia und Tansania geschmuggelt worden sein. Dann griffen zwei Terroristen im Oktober 2000 in einer Selbstmordaktion den amerikanischen Zerstörer »USS Cole« im Hafen von Aden an. In dem jemenitischen Hafen gegenüber der Nordküste Somalias starben 17 amerikanische Seeleute.

Schließlich kehrte der Terror in die USA und zum World Trade Center in New York zurück. Dienstag, 11. September 2001: Niemand wird wohl die Bilder des Schreckens vergessen können, als entführte Passagiermaschinen die Twintowers zerstörten und das amerikanische Verteidigungsministerium, das Pentagon in Washington, schwer demolierten. Tausende Menschen starben, Zehntausende wurden verletzt. Im Herzen New Yorks glühten die Trümmer der Weltwirtschaft. Das Zentrum der westlichen Welt war getroffen worden. Erst nach diesem Schock sind die USA und mit ihnen ihre Verbündeten bereit, in den – wie sie es nennen – »Krieg gegen den Terror« zu ziehen.

Der Krieg gegen das Talibanregime in Afghanistan war leicht zu rechtfertigen. In Afghanistan unterdrückte eine Militärkamarilla im Namen einer Religion schon seit Jahren die Bevölkerung und war untrennbar mit Terroristen verbunden, die international Attentate verübten, Menschen umbrachten und die ganze Welt mit ihrem Terror überziehen wollten. Und es ist auch keine Frage, dass in weiten Teilen Somalias Terror herrschte und dass es Verbindungen der unterschiedlichsten Art des Terrors zu verdächtigen und klar des Terrors überführten Organisationen in Somalia gab.

Ein Land ohne Regierung, zerfallen in seine Einzelteile, die von Milizchefs oder nicht allgemein anerkannten Präsidenten nur durch militärische Gewalt oder fragwürdige Koalitionen regiert werden können, stellt für die unmittelbare Region immer ein Sicherheitsrisiko dar. Für die Welt und ihre fragile Ordnung erzeugt ein implodierter Staat wie Somalia ein gefährliches Machtvakuum. Ein solches schwarzes Loch – noch dazu in dieser hervorgehobenen strategischen Lage am Horn von Afrika – zieht alle Mitspieler im globalen Machtpoker magisch an. Somalia ist solch ein unberechenbares Spielfeld unterschiedlichster Interessen. So weit ist es Opfer. Aber aus dem internen Machtkampf Somalias gingen auch viele Täter hervor.

Umso vorsichtiger sollte man mit den Informationen und Informanten umgehen, die seit dem 11. September auf einen Schlag gegen Somalia dringen. Denn nie kann man wissen, ob man gerade einem Opfer oder einem Täter traut. Ausgerechnet Hussein Aidid, Sohn und politischer Erbe von Mohammed Farah Aidid, bot sich in dieser Situation als Kronzeuge der Amerikaner an. Auf einer Pressekonferenz am 12. Dezember in Addis Abeba erklärte er, somalische Kämpfer seien auf der Flucht aus Afghanistan und kehrten nach Hause. Diese Somali gehörten der islamistisch-fundamentalistischen Organisation al-Ittihad al-Islami an. Die USA müssten gegen diese Kämpfer etwas unternehmen. Diese »al-Ittihad- und al-Kaida-Terroristen« hätten »Zugriff auf unbeschränkte Geldmittel, die sie von muslimischen Hilfsorganisationen und arabischen Staaten erhielten. Diese Geldgeber nutzen ihre Hilfe, um das von Armut geplagte Somalia auf ihre Seite zu ziehen.« Ähnliches hatte er die Regierung in Washington schon eine Woche nach dem 11. September in einem Brief wissen lassen.

Aber wie verlässlich waren solche Informationen? Warum wendete sich ein *warlord* so vehement gegen eine somalische Organisation, mit der sein Vater und später auch er selbst eng zusammengearbeitet hatten? Al-Ittihad war über Jahre Verbündeter der Aidids gewesen, war es zu diesem Zeitpunkt aber nicht mehr. Aidid hatte inzwischen die Seiten gewechselt im Macht-Ringelreihen Somalias. Deshalb wetterte Aidid nun vorbehaltlos gegen al-Ittihad – genauso wie der Präsident von Somaliland, Ibrahim Egal, der sich sonst eher auf die Zunge gebissen hätte, als mit dem alten oder jungen Aidid gemeinsame Sache zu machen.

Aber beide, sowohl Egal als auch Aidid, hielten es inzwischen mit Äthiopien. Ohne Unterstützung von außen kann keiner der größeren Machtspieler in Somalia lange überleben. Und in der regionalen Konkurrenz um das Horn von Afrika gibt es – grob vereinfacht – zwei traditionelle und über die Jahrtausende aktive Antipoden: Ägypten und das arabisch-muslimische Lager stehen auf der einen Seite, Äthiopien auf der anderen. Das arabische Lager unterstützte die Bestrebungen, Somalia wieder als Zentralstaat zusammenzuführen. Es wollte den Einfluss auf das Horn von Afrika nicht ganz verlieren. Deshalb die Erfindung und Unterstützung von Abdulkassim Salat Hassan – der im ägyptischen Exil überlebte – als Präsident einer Übergangsregierung in Somalia. Diese Übergangsregierung soll nach dem Versprechen Adulkassims, in Somalia einen muslimischen Staat aufzubauen, auch aus Saudi-Arabien viel Geld erhalten haben. Aus ägyptischer Sicht kam hinzu, dass der konkurrierenden regionalen Großmacht Äthiopien – auf deren Gebiet die Quellen des weißen Nil liegen – der Einfluss südlich ihrer Grenzen nicht zu einfach gemacht werden sollte. Dies würde Äthiopien unverhältnismäßig stärken, es aus der »muslimischen Umklammerung« befreien und ihm den Rücken frei machen für andere Aktivitäten.

Deshalb steht als Antipode zum arabischen Lager ganz klar Äthiopien auf der anderen Seite des regionalen Mächtediagramms. Schon das äthiopische König-, später Kaiserreich der Bevölkerungsgruppe der Amharen hatte als christliche Regionalmacht seine Finger immer über seine südliche Grenze zum Golf von Aden und zum Indischen Ozean gestreckt. Dies hatte sich unter dem sozialistischen Diktator Mengistu im Bündnis mit der Sowjetunion nicht geändert.

Nach Mengistus Sturz kamen die Revolutionäre von Meles Zenawi aus der äthiopischen Region Tigre an die Macht. Auch deren außenpolitische Vernetzung änderte nichts an dieser außenpolitischen Konstante. Ihr Interesse am Zugang zu Häfen am Golf von Aden oder dem Indischen Ozean war durch den Verlust Eritreas am Roten Meer eher noch gestiegen. Eritrea, im äthiopischen Bürgerkrieg mit Tigre verbündet, erhielt als »Belohnung« für die

Jahrzehnte während Waffenbrüderschaft 1993 die Selbstständigkeit. Der spätere Krieg zwischen Äthiopien und Eritrea Mitte der 90er-Jahre war zu einem großen Teil auch ein Machtkampf um wirtschaftliche Kontrolle der lebenswichtigen Seezugänge des Binnenlandes Äthiopien mit mehr als 50 Millionen Einwohnern.

Meles Zenawi, der ursprünglich marxistisch-maoistische Revolutionär, sicherte seine Vorherrschaft in Äthiopien von Anfang an in einer komplexen und widersprüchlichen Koalition mit den USA ab. Vor allem in außenpolitischen Zielen stimmten Washington und Addis Abeba in den 90er-Jahren auffällig harmonisch überein. So auch bei Somalia. Fast alle »Geheimberichte« über Terroraktivitäten innerhalb Somalias stammten ursprünglich vom äthiopischen Geheimdienst. Dieser fütterte vor allem amerikanische Quellen, blieb aber stets – so verrieten unter vorgehaltener Hand zumindest westliche Diplomaten – unwiderlegbare Beweise schuldig.

Dennoch verblüffte immer wieder, wie zeitnah und gleich lautend sich Äthiopien und die USA über terroristische Aktivitäten in Somalia äußerten. Staatssekretär Walter Kansteiner, im amerikanischen Außenministerium für Afrika zuständig, erklärte fast zur selben Zeit, als Hussein Aidid in Addis Abeba öffentlich vor dem »Rückfluss« somalischer Terrorkämpfer aus Afghanistan warnte: »Somalia bietet ein Umfeld, das Terroristen oder Terroristenzellen gegenüber freundlich ist. Das erste Ziel muss sein, es unfreundlich zu machen.« Dies passte ins äthiopische Kalkül.

Spätestens seit 1996 hatten äthiopische Truppen von ihrer »Schutzmacht« USA freie Hand bekommen, immer wieder als »Ordnungsmacht« unbeschadet von internationaler Kritik in Somalia einzumarschieren. 1996 machten sie nach Bombenanschlägen in Addis Abeba davon das erste Mal Gebrauch. Die Attentate wurden der extremistischen somalischen al-Ittihad angerechnet. Also begründete Äthiopien seinen Überfall auf Lug in Somalia 1996 mit der Zerstörung von militärischen Ausbildungscamps dieser fundamentalistisch-islamistischen Organisation, in denen auch internationale Terroristen ausgebildet worden sein sollen, darunter al-Kaida-Mitglieder. Kein Hahn krähte damals, als äthiopische Truppen die somalische Grenze überschritten und nach Somalia einmarschierten. Der Kampf gegen den Terror scheint alle Mittel und Maßnahmen zu rechtfertigen – vor allem gegen Staaten, die gar nicht mehr existieren.

Ein Jahr später wiederholte Äthiopien eine ähnlich groß angelegte Strafaktion gegen Somalia und die al-Ittihad. Wie viele kleinere Grenzverletzungen und Übergriffe es zwischenzeitlich gegeben hatte, entzieht sich der öffentlichen Kenntnis. Aber auch Somalias anderer Nachbar, Kenia, machte im Sommer 1999 nicht vor der Grenze Somalias Halt. Erst schloss Kenias Präsident Daniel arap Moi die Grenze, schließlich bombardierte seine Luftwaffe Gebiete in Somalias Nordwesten. Dabei soll es sich um Aktionen gehandelt haben, um die Handelswege somalischer Waffenschieber zu zerstören, welche die schwer kontrollierbaren Grenzgebiete von Somalia und Kenia ausgenutzt hätten, um ganz Ostafrika zu destabilisieren. Diese hätten Waffen verschoben und in der Steppe Nordwestsomalias Terrorkämpfer ausgebildet. Seit dem 11. September hieß es, al-Ittihad habe nach seiner Vertreibung aus Lug 1996 durch die Äthiopier unter anderem diese grenznahe Region zu Kenia für ihre Aktivitäten genutzt. Dieser Hinweis genügte, diplomatische Aufregungen über diese völkerrechtlich zumindest fragwürdigen Aktionen erst gar nicht aufkommen zu lassen.

Der »Krieg gegen den Terror« in Somalia hat also schon vor Jahren begonnen. Seit dem 11. September war er massiv verschärft worden. Im Oktober 2001 zogen die EU und die UN alle ihre ausländischen Helfer aus Somalia ab. Der Krieg der Worte gegen das Terrorland Somalia hatte bereits begonnen, die ersten konkreten Gerüchte über mögliche

Militäraktionen der USA und ihrer Verbündeten machten die Runde. Äthiopien unterließ keine Gelegenheit, sich in die weltweite Antiterrorallianz einzureihen. Außenminister Tekeda Alemu rechtfertigte in CNN nochmals ganz offen die Militäraktionen seines Landes 1996 und 1997 gegen Somalia und die Ausbildungscamps der al-Ittihad dort. »Deren Absicht war unserer Meinung nach, Äthiopien zu destabilisieren und dem eigenen Ziel in Somalia näher zu kommen. Aber sie wussten, dass Äthiopien der Errichtung einer der Taliban ähnlichen Regierung in Somalia nicht tatenlos zusehen würde. Denn die Auswirkungen auf die gesamte Subregion wären vernichtend gewesen.« Äthiopiens Außenminister Alemu fügte dem noch regelrecht stolz hinzu: »Wir unternahmen also die notwendigen militärischen Schritte, und es gelang uns, ihnen die Flügel zu stutzen.«

Vor dem Weltsicherheitsrat in New York behauptete der Vertreter Äthiopiens, seinem Land lägen umfangreiche Beweise dafür vor, dass al-Kaida auch in Somalia präsent sei. Bei der Militäraktion 1997 gegen Lager der al-Ittihad in der Gedo-Region seien äthiopische Truppen auch auf Ausländer gestoßen. Diese seien Angehörige von Gruppen gewesen, die zum Terrornetz der al-Kaida gehörten. Auch ließ der Äthiopier kein gutes Haar an der somalischen Übergangsregierung unter Präsident Abdulkassim Salat Hassan. Diese sei in drei Fraktionen gespalten. Tonangebend seien die Extremisten, die der al-Ittihad und der Muslimbruderschaft angehörten. Dann gäbe es in dieser Regierung die Versöhnungswilligen. Diese hätten aber weder finanziell noch militärisch großen Einfluss. Und zwischen diesen beiden Fraktionen pendelten die Unentschlossenen hin und her.

Was aber weder der äthiopische Außenminister noch Äthiopiens UN-Vertreter einräumten, war, dass ihr Land schon längst wieder als »Ordnungsmacht« in Somalia einmarschiert war: im Auftrag oder zumindest mit Billigung der Anti-Terror-Weltmacht USA. Nach Augenzeugenberichten war im November 2001 »mindestens ein Bataillon« äthiopischer Soldaten in der Stadt Galcaio aufmarschiert. Ein Bataillon umfasst 600 bis 700 Mann. Galcaio liegt in der 1998 einseitig ausgerufenen Republik Puntland im Nordosten Somalias. Puntland weist im Vergleich zur benachbarten Republik Somaliland keinerlei staatliche Strukturen auf und wird von niemandem international anerkannt. Allerdings hielt Äthiopien – ähnlich wie zu Somaliland – auch zu Puntland und dem dort herrschenden Präsidenten Abdullahi Jussuf von Anfang an enge Kontakte.

Der Machtkampf in Puntland muss deshalb ausführlich dargestellt werden, weil dabei vor allem eines deutlich wird: Die Informationen über Aktivitäten internationaler Terroristen in Somalia wurden immer verwoben mit politisch Nützlichem, um sie im internen Kampf um ein Stückchen Somalias zu benutzen.

Abdullahi Jussuf also war 1998 für drei Jahre zum Präsidenten Puntlands gewählt worden. Als seine Amtszeit ablief, wollte er aber nicht abtreten. Am 30. Juni 2001 ließ er sich deshalb, wie er behauptete, seine Amtszeit vom Parlament verlängern. Dies lehnten allerdings die Klanältesten der Madscherten im Juli bei ihrer Versammlung in Garowe ab. Sie setzten den obersten Richter Jussuf Hadschi Nur als Übergangspräsidenten ein. Danach ging es anscheinend in Puntland drunter und drüber. Die der alten Führung nahe stehende Internetseite »Allpuntland.com« veröffentlichte im August eine Erklärung, in der angeblich al-Ittihad und eine offenbar neu gegründete Gruppe Total Somali Liberation Tigers bekannt gaben, die Hafenstadt Bosasso am Golf von Aden erobert zu haben. Dabei seien »20 Söldner« des abgesetzten Präsidenten Abdullahi Jussuf getötet worden. Der Sieg von Bosasso sei der Beginn eines »Heiligen Krieges«, eines Dschihad nicht nur im Nordosten Somalias, sondern in allen Teilen Somalias und auch in den von Somali bewohnten Gebieten Äthiopiens und Kenias.

Daraufhin wurden auf »Allpuntland.com« »die Extremisten des al-Ittihad und der al-Kaida bin Ladens« bezichtigt, gemeinsam mit der Übergangsregierung in Mogadischu den Sturz Abdullahi Jussufs betrieben zu haben. Kaum war der 11. September geschehen und hatte der internationale »Krieg gegen den Terror« begonnen, hieß es auf der Internetseite, hätten die muslimischen Extremisten von al-Ittihad in Puntland militärische Ausbildungscamps eröffnet und aus Mogadischu Verstärkung geschickt.

Im November kamen Abdullahi Jussufs Verbündete, die Äthiopier, in Bataillonsstärke zu Hilfe. Inzwischen war bereits Dschama Ali Dschama zum Präsidenten Puntlands gewählt worden. Seither beschuldigte der abgesetzte, aber von Äthiopien unterstützte Abdullahi Jussuf seinen Gegenspieler der Kooperation mit den islamischen Fundamentalisten von al-Ittihad und al-Kaida. Dschama Ali Dschama wies diese Vorwürfe als aus der Luft gegriffen zurück. Jeder von beiden kontrollierte seitdem nur Teile Puntlands. Aber erst im Januar 2002 geisterte die Meldung durch viele Zeitungen, die Äthiopier seien in Puntland. Sie waren längst dort und bildeten nach Augenzeugenberichten in Garowe seit November Milizen ihres Verbündeten Abdullahi aus. Im Januar dagegen zogen sich die Äthiopier aus Garowe zurück – mit zunächst unbekanntem Ziel.

Dieses sehr konkrete Zwischenspiel um die Macht in nur einer Region Somalias zeigt deutlich, wie vorsichtig mit Informationen aus Somalia und der Region umgegangen werden muss. Zu schnell und leicht vermischen sich Wirklichkeit und politische Vorteilsnahme durch Falschinformation. Denn welcher Terrorhinweis ist »echt«, welcher dagegen nur erfunden, um durch ausländische Intervention im Namen des »Kriegs gegen den Terror« Vorteile für die eigene Position im somalischen Bürgerkrieg zu erreichen? Der italienischen Regierung in Rom reichten die Informationen. Die ehemalige Kolonialmacht erklärte Puntland zum möglichen Rückzugsgebiet flüchtender al-Kaida-Kämpfer.

Doch schon ein zweites Detail aus Somalia ließ einen skeptisch auf diese kaum neutral zu überprüfende Information blicken. Am Sonntag, dem 6. Januar, sollen rund 100 äthiopische Soldaten auch im Süden Somalias die Grenze überschritten haben und zu einem Militärcamp der somalischen Miliz Rahanwajn Resistance Army nahe der Stadt Baidoa gezogen sein, um deren Kämpfer dort auszubilden. Nach denselben Berichten, untermauert aus diplomatischen Kreisen in Nairobi, zogen dort mit Äthiopien verbündete Milizen ihre Kämpfer zusammen, offenbar, um gemeinsam gegen die Küstenstadt Kismaio zu ziehen. Diese stand unter der Kontrolle somalischer Fraktionen, die es mit der Übergangsregierung in Mogadischu hielten.

Betrachtet man all diese Informationen, eröffnet sich ein Wirrwarr politischer und militärischer Allianzen und Interessen in Somalia, aus denen nur sehr schwer herauszufiltern ist, wem man vorbehaltlos trauen kann. Schon im Herbst 2001 sprachen westliche Diplomaten deshalb zynisch über Somalia, dort bilde sich – ganz nach afghanischem Vorbild – eine Nord-Allianz. Diese setze nur darauf, den »Krieg gegen den Terror« nach Somalia zu bringen, um durch eine zumindest vom Ausland militärisch gestützte Operation dann selbst an die Macht zu kommen.

Vieles spricht dafür. Dennoch haben die USA Somalia im Oktober auf ihre Terrorliste geschrieben. Ihr Augenmerk gehört seitdem vor allem zwei Organisationen: al-Ittihad und der somalischen Bank und Unternehmensgruppe al-Barakaat. Über Größe, Stärke, Organisationsgrad und Schlagkraft der al-Ittihad streiten sich die Spezialisten. Nach den äthiopischen Militärschlägen 1996 und 1997 war nicht mehr viel über die extremistische Muslimorganisation in Somalia zu hören, einzelne Führungspersönlichkeiten sind nicht bekannt. Der angebliche Militärchef der Organisation,

Abdullahi Irad, wurde Anfang Juli 1999 in Mogadischu von vier Männern erschossen. Nach Angaben seiner Verwandten hatten die Mörder im Auftrag Äthiopiens gehandelt.

Für Ted Dagne, Afrikaspezialist der unabhängigen Forschungseinrichtung im amerikanischen Kongress (CRS), hatte es nach dem 11. September in der amerikanischen Regierung durchaus Sorge darüber gegeben, dass al-Ittihad eine ernste Bedrohung darstellen könne. Aber alle Untersuchungen und Überprüfungen hätten seitdem ergeben, dass dem nicht so sei. Die Organisation trete in den verschiedenen Regionen Somalias unterschiedlich auf und verfolge vor allem ein Ziel: Somalia wieder aufzubauen. Über Somalia hinaus habe die Gruppe weder in der Region, geschweige denn weltweit Ausstrahlung noch die Kapazität dazu. »Al-Ittihad stellt keine größere Bedrohung amerikanischer Interessen dar und die Gruppierung verfügt auch nicht über Kapazitäten zu Terroranschlägen irgendwo anders auf der Welt«, zog Ted Dagne sein Fazit.

Mit ihm stimmten die meisten unabhängigen Militärstrategen und Afrikakenner überein. »Der Gedanke, dass die Vereinigten Staaten in Somalia etwas in großem Stil unternehmen, erscheint mir abwegig«, zog Jonathan Stevenson vom Londoner Institut für Strategische Studien bereits im Dezember seinen Schluss. »Es gibt in Somalia keine lohnenden Ziele dafür.« Wenn aber Krieg nicht nur massive Militäroperationen bedeute, »dann hat er in Somalia längst begonnen«.

Das zweite Ziel im »Krieg gegen den Terror« in Somalia haben die USA bereits erreicht. Die Sperrung aller Auslandsguthaben der al-Barakaat-Unternehmungen am 7. November 2001 hat Somalias informelle internationale Finanzverbindungen empfindlich gestört und zugleich das private Telefonieren aus Somalia mit dem Ausland so gut wie unmöglich gemacht. In beiden Geschäftsfeldern war al-Barakaat in ganz Somalia marktführend. Außer Frage steht, dass dieses »Banksystem« für Geldwäsche und international nicht kontrollierbare Überweisungen anfällig war und von muslimischen Terrororganisationen wie al-Kaida missbraucht werden konnte. Für das amerikanische Finanzministerium war die Barakaat-Bank nach Geheimdienstberichten vom Terrornetzwerk al-Kaida benutzt worden, Gelder weltweit zu überweisen. Die Bank habe aus diesem Geschäft auch Gewinne gezogen.

Das einzig Verwunderliche an diesem Schritt der USA ist eigentlich der Zeitpunkt. Das Barakaat-Banksystem funktionierte schon jahrelang vor allem in den USA. Dort leben zum Beispiel im Bundesstaat Minnesota große Exilgruppen aus Somalia. Und die Barakaat-Bank ist für internationale Kontrolle so gut wie unzugänglich, konnte also die ganze Zeit für Geldwäsche durch Terroristen oder Rauschgifthändler bestens genutzt werden. Denn die Barakaat-Bank funktioniert nach dem so genannten *hawala*-System.

Dies ist ein »alternatives« Banksystem, das vor allem in der muslimischen Welt und dort vor allem in Gegenden praktiziert wird, wo es keine offiziellen Bankfilialen gibt oder geben kann – wie eben in Somalia. Und das *hawala*-System geht so: Ein somalischer Exilant in den USA möchte seiner Familie irgendwo in Somalia Geld zukommen lassen. Er geht zu einem al-Barakaat-Vertreter etwa in Minneapolis in Minnesota und übergibt diesem den Geldbetrag – nur einige hundert Dollar oder auch wesentlich mehr. Dieser al-Barakaat-Mitarbeiter ruft seinen *hawala*-Ansprechpartner in Somalia an – oder schickt ihm oder einem Übermittler eine E-Mail. In Somalia wird der Geldbetrag an die Verwandten ausbezahlt und in die Bücher eingetragen, ohne dass der eigentliche Betrag wirklich überwiesen wird. Irgendwie gleichen sich die Konten schon über die Jahre aus, denn das Vertrauen begründet sich auf gemeinsame Klanlinien und Jahre der Zusammenarbeit. Die Größenordnung allein der Geldüberweisungen zwischen

Verwandten in den USA und in Somalia betrug nach UN-Angaben pro Jahr bis zu 700 Millionen Dollar.

Nach westlichem Standard sind solche Geldgeschäfte nicht legal, in Somalia sind Geldtransfers anders nicht möglich. Wenn al-Barakaat nicht arbeitet, hungert Mogadischu, heißt es deshalb. Eingetragen als Firma ist al-Bakaraat in Dubai. Im staats- und rechtlosen Somalia kann sich eine Firma in kein Handelsregister eintragen. Präsident der Barakaat-Bank ist der somalische Scheich Ahmed Nur Dschimale. Ihm wurde von Quellen in der amerikanischen Regierung kurz vor Bekanntgabe der Entscheidung von Präsident George Bush junior, gegen die somalische Bank vorzugehen, nachgesagt, er mache mit Osama bin Laden gemeinsame Sache. Al-Barakaat hat alle amerikanischen Vorwürfe zurückgewiesen.

Die Auswirkungen dieses Schritts auf den somalischen Alltag aber waren kaum auszumalen. »Wir sehen Somalia als Pulverfass, das jederzeit zu explodieren droht«, kommentierte Bronek Szynalski, Koordinator der humanitären Arbeit der Vereinten Nationen am Horn von Afrika, den Schritt der Bush-Regierung gegen die somalische Bank. »Die Menschen in Somalia sind völlig abhängig davon, einen Teil ihres Einkommens aus dem Ausland zu beziehen. Es mag gute Gründe dafür gegeben haben, die Guthaben al-Barakaats einzufrieren, aber diese Entscheidung wird das Land auf jeden Fall weiter destabilisieren.«

Somalia ist keine einfache Geschichte, die Suche nach den Spuren des Terrors in Somalia muss zu dem Zeitpunkt, da dieses Buch geschrieben wurde, unbefriedigend bleiben. Doch zwei Dinge scheinen dabei unzweifelhaft klar geworden zu sein: Es gab und gibt in Somalia Verbindungen zum internationalen Terrorumfeld der al-Kaida von Osama bin Laden. Unzweifelhaft hatte al-Kaida 1993 während der UN-Intervention in Somalia beim Kampf Aidids gegen die USA ihre Hände mit im Spiel. Osama bin Laden hat sich selbst in einem Interview 1997 damit gebrüstet. Es ist auch keine Frage darüber, dass über die somalische Fundamentalistengruppe al-Ittihad über Jahre Austausch mit islamischen Terrorgruppen stattfand. Zum hausgemachten Terror Somalias hat der internationale Terror das Seine beigetragen.

Aber andere auch. Seit elf Jahren gibt es in Somalia keine zentrale Regierungsgewalt mehr. Die Welt, die jetzt so moralisch gegen den Terror zu Felde zieht, hat das mal mehr, meistens weniger gekümmert. Das Vakuum am Horn von Afrika ist erst wieder interessant geworden, seit die Gefahr überdeutlich wurde, dass sich der aus Afghanistan vertriebene Terror dort einnisten könnte. Somalia ohne Staat ist ein einfacheres Opfer als jede Diktatur, die sich – zum eigenen Vorteil – viel leichter mit dem Terror verbünden könnte. Denn wer sind die Verbündeten des Terrors muslimischer Fundamentalisten in Somalia? Fast jeder in Somalia würde seinen Bruder verraten, wenn ihm dies einen kurzzeitigen Vorteil erbrächte. Dies ist nicht als Vorwurf an Somalia gedacht, sondern soll die Verzweiflung des Landes am Horn von Afrika deutlich machen. Du überlebst dort, oder du gehst drauf. Also kämpfst du um dein Leben.

Somalia ist kein Zentrum des weltweiten Terrors. Dafür ist es viel zu sehr mit seinen eigenen Problemen beschäftigt. Aber diese Schwäche macht Somalia anfällig für die Verführungen des internationalen Terrors. Wo Anarchie herrscht, überlebt der Stärkere. Jeder ist in einer solchen Situation offen für Koalitionen mit einem starken Partner. Vor der Küste Somalias patrouillieren westliche Kriegsschiffe die Gewässer, damit keine Terroristen aus Afghanistan oder anderswoher nach Somalia flüchten können. Auch deutsche Schiffe sind seit Ende Januar im Golf von Aden dabei. Eine High-Tech-Armada schirmt das Vakuum Somalia ab, in dem die Kalaschnikows und simple, rohe Gewalt den Ton angeben. Im Lande selbst lassen die USA ihren Hilfssheriff

Äthiopien gewähren. Keine sehr dauerhafte Lösung des Problems.

Somalia, das undankbare Land, das sich selbst mit einer der größten UN-Interventionen der bisherigen Geschichte der Menschheit nicht hat helfen lassen, ist nicht Quell des internationalen Terrors. Es ist vielmehr Opfer einer völlig verfahrenen Modernisierungskrise – und dadurch bester Nährboden für fundamentalistische Ideologien und terroristische Antworten geworden. Jede Aktion gegen Somalia oder mit Teilen Somalias gegen andere Teile Somalias unter dem Banner des Feldzugs gegen den internationalen Terror könnte deshalb nicht einmal kurzfristig Erfolge bringen. Terror und seine Gefolgsleute finden allzu leicht in vielen Regionen der Welt Unterschlupf.

Die Wirkung der Aktionen gegen Somalia aber könnten sich schnell ins Gegenteil des Beabsichtigten kehren: die Destabilisierung der gesamten Region statt Aufbau geordneter Verhältnisse. Dabei hat auch ein Land wie Somalia eine Zukunft.

9. Somalia – Land ohne Staat und Hoffnung

Somalia kann man lieben, oder man hasst es. Zwischenwerte gibt es nicht. Das Land am Horn von Afrika polarisiert. Auf dem Rückflug von Mogadischu, in einer der kleinen, wackeligen Maschinen auf dem Weg nach Nairobi, sagte einmal eine Journalistenkollegin: »Somalia war immer gut zu mir.« Gerade waren wir wieder einmal wider Erwarten rechtzeitig herausgekommen aus dem so unwirtlich erscheinenden Moloch Mogadischu.

Aber in der Insidersprache unter Afrikakorrespondenten meinte die Kollegin etwas ganz anderes: dass bei allem Risiko, bei aller sichtbaren Not, bei aller zum Himmel schreienden Ungerechtigkeit dieses Land da unten voller Menschen war, die genauso Suchende waren wie wir. Wieder einmal hatten die Somali uns mit offenen Armen empfangen, Interviews gegeben, uns herumgereicht von einer Partei, einer Miliz, einem *warlord* zum anderen, hatten auf uns Fremdlinge aufgepasst. Abends oder nach den »offiziellen« Gesprächen hatten sie im Off – also nicht zum Schreiben – weiterdiskutieren wollen, waren neugierig auf Meinungen und Einschätzungen über die Situation in ihrem Land und seine mögliche Zukunft. Somalia war immer eine gute Geschichte. Allein was fehlte, war ein Happy End.

Somalias Schlüsselproblem ist schnell ausgesprochen: Es fehlt ein funktionierender Staat. Gäbe es den Zentralstaat, so machen viele Fachleute einen glauben, hätte Somalia nicht seine Probleme. Es könnte sich »entwickeln«, könnte für seine Menschen sorgen, Schulen bauen, Krankenhäuser errichten, Handel treiben mit seinen Kamelen, Ziegen und Schafen, eine eigene Fischfangflotte aufs Meer hinausschicken, seine Bananen und Pampelmusen nach

Europa verkaufen. Weil Somalia es aber seit nun schon mehr als einem Jahrzehnt nicht fertig bringt, wieder einen Staat zu errichten, herrschen immer noch Chaos und Anarchie. Deshalb konnte sich in das Machtvakuum im Lande auch der internationale Terror einschleichen.

Bis zum Terrorvorwurf galt Somalia als Synonym für das Scheitern der Vereinten Nationen, in einem Land den Frieden wiederherzustellen und zu wahren. Dabei machten es sich schon die Kritiker des UN-Engagements am Horn von Afrika zu leicht. Für sie versagte die internationale Gemeinschaft, weil sie nicht schnell genug auf die katastrophale Hungersnot und den blutigen Bürgerkrieg reagierte, als die vom Westen gestützte Militärdiktatur von Siad Barre 1991 in sich zusammenstürzte.

Ganz so einfach war und ist es nicht, weder mit dem Terror noch dem Scheitern der UN. Somalia und seine Situation sind komplexer. Das Land am Horn von Afrika zwischen dem Golf von Aden und dem Indischen Ozean bietet neben seinem ganz individuellen Schicksal ein Stück typischer nachkolonialer Geschichte. Das Somaliasyndrom ist entstanden aus dem traurigen Kapitel der Ost-West-Rivalität des Kalten Krieges. Es ist die Folge der typischen Fehlentwicklung eines unabhängig gewordenen Staates der Dritten Welt. Die nationale Machtfrage konnte nie konstruktiv gelöst werden, stattdessen wurde das Land mit Waffen überflutet und die Militärdiktatur abwechselnd von beiden Weltmächten aus deren Eigeninteresse an der Macht gehalten. Moskau und Washington buhlten um Somalia wegen seiner strategischen Lage an den Ölrouten aus dem Persischen Golf. Das Ergebnis dieser oft als Realpolitik gerechtfertigten Vorgehensweise der ideologischen Blöcke war letztendlich die Katastrophe: eine Kombination aus Machtvakuum und Wettstreit rivalisierender Milizen um die knappen Ressourcen des Landes. Hinzu kam die Laune der Natur: Die Regen fielen aus, in der Dürre gab es nichts mehr zu ernten. All dies zusammengenommen ergab erst den tödlichen Mix aus Hungerkatastrophe und Bürgerkrieg zu Anfang der 1990er-Jahre, die unser Bild von Somalia bis heute prägen.

Dabei hatte Somalia – gerade im Vergleich zu vielen anderen afrikanischen Ländern – doch scheinbar alle Voraussetzungen, einen Staat aus eigener Kraft hervorzubringen. Denn Somalia ist ein Land mit einer weitgehend homogenen Gesellschaft: Die rund sieben Millionen Menschen sprechen ein und dieselbe Sprache, haben dieselbe ethnische Herkunft und teilen dieselbe Tradition einer Nomadengesellschaft. Und sie gehören darüber hinaus einer einzigen Religion an: dem sunnitischen Islam. Die besten Voraussetzungen also, nicht aus ethnischen oder religiösen Gründen gegeneinander um die Macht zu kämpfen, sondern miteinander eine nationale Gemeinschaft zu bilden und den harten Voraussetzungen der Natur in der Region zu trotzen.

Doch Somalia ist anders. Es hat seine eigene Geschichte, seine ganz besonderen wirtschaftlichen, sozialen, religiösen Voraussetzungen und politischen Komplikationen, die den Verlauf seines individuellen Schicksals bestimmen. Dies beginnt vor mehr als 2.000 Jahren und zieht sich über die Einwanderungswellen von der arabischen Halbinsel, vor allem aus dem heutigen Jemen, bis zur Gründung großer mittelalterlicher Reiche. Bereits aus dieser Zeit stammt die Rivalität mit dem Nachbarn Äthiopien. Seit dem Beginn der Neuzeit bestimmten andere über das staatliche Schicksal der Nomaden: Araber, Türken, Portugiesen. Der Kolonialismus kam und siegte. Somalia beziehungsweise die Region, in der Somali lebten, wurde fünfgeteilt.

Als Somalia 1960 seine Selbstbestimmung wieder erreichte, kamen nur zwei, wenn auch die größten und wichtigsten Teile wieder zusammen: Britisch- und Italienisch-Somaliland. Aber der somalische Part des Ogadens blieb

bei Äthiopien, Kenia behielt seinen somalischen Nordosten, und die Franzosen ließen nicht los von Dschibuti. Ein
zweifelhafter Start in die nationale Unabhängigkeit, eine
schwere Bürde für die parlamentarische Demokratie. Der
Militärputsch gegen den demokratischen Versuch ereigne-
te sich 1969. Diktator Siad Barre dominierte das Schicksal
des Landes für mehr als 20 Jahre. Der Despot ignorierte die
Interessen des Landes und konzentrierte die politische und
wirtschaftliche Macht bei sich und in Mogadischu. Das fragile Gleichgewicht des unfertigen Staates geriet gänzlich
aus der Balance. Der Kampf um die knapp werdenden Ressourcen des Landes für die steigende Zahl der Menschen
organisierte sich entlang der Regionen und Klanlinien in
den Milizen der einzelnen Fraktionen.

Siad Barre konnte sich an der Macht halten, weil er Somalia im Gegengeschäft für sein privates Wohl den Interessen der Weltmächte auslieferte. In den 70er-Jahren des
20. Jahrhunderts bekannte er sich zum Sozialismus. Moskau
stützte ihn dafür mit Geld und Waffen. Siad Barre, noch
machthungriger geworden, führte 1977 sein Land in die Katastrophe des Ogadenfeldzugs. Er hatte die Zeichen der Zeit
nicht erkannt. Moskau wechselte die Seiten und stellte sich
hinter das überfallene Äthiopien, das inzwischen eine mar-
xistische Führung hatte. Diese Chance ließen sich die USA
nicht entgehen, sie und mit ihnen der Westen wurden die
neuen Paten des in Not geratenen Diktators. Der Platz am
strategisch so entscheidenden Horn von Afrika war frei geworden. Der sowjetischen Präsenz in Äthiopien musste
etwas entgegengesetzt werden. Also schüttete der Westen
seine humanitäre Hilfe über Somalia aus. Die westlichen
Demokratien ignorierten die Korruption, die Repression
und den Genozid in Somalia unter Siad Barre. Der Westen
lieferte Waffen und Geld, meist verpackt als humanitäre
Hilfe. Somalia geriet in die vollständige Abhängigkeit der
Entwicklungshilfe. Alleine war das Land nicht mehr in der

Lage, seine Bewohner zu ernähren. Die ungerechte Macht von Siad Barre konnte durch nichts gerechtfertigt werden. Sie verfiel und der Diktator begann 1988 offen und ohne Visier einen verzweifelten Krieg gegen sein eigenes Volk zu führen. Somalia löste sich auf in die Einflusssphären der klanbestimmten Gruppierungen und Milizen der *warlords*.

Drei Jahre später kam das Ende der Diktatur. Die USA ließen 1991 den Verlierer Siad Barre und mit ihm ganz Somalia fallen. Die Weltordnung hatte sich verändert, die Berliner Mauer war gefallen, der Ost-West-Gegensatz löste sich auf, die »Winde des Wandels« erreichten auch den afrikanischen Kontinent. Moskau verlor seinen Verbündeten Mengistu in Addis Abeba und zog sich aus Äthiopien zurück. Die neuen Schlagwörter hießen Wechsel, Wandel, Demokratie. Aber die naiven Hoffnungen auf eine »zweite Unabhängigkeit« in Somalia verpufften an der Wirklichkeit. Die Strukturen des Landes funktionierten nicht mehr, eine nationale Selbstversorgung mit Nahrung gab es schon lange nicht mehr. Dafür gab es Waffen und militärische Ausrüstung im Überfluss, ein zweifelhaftes Erbe aus zwei Jahrzehnten Aufrüstung unter dem Zeichen der Ost-West-Rivalität.

Das Machtvakuum nach dem Sturz von Siad Barre in Somalia gab der Anarchie freie Bahn. Zum Bürgerkrieg kamen noch Dürre und Hunger hinzu. Diese Mischung garantierte, dass Somalia auf Jahrzehnte hin destabilisiert wurde. Die stärksten Kriegsherren kämpften mit ihren Milizen um die Macht und um der Macht willen, politisches und soziales Chaos wuchs ins Unermessliche. Bewaffnete Banden stritten darum, vorhandene Nahrungsmittel und internationale Hilfslieferungen zu kontrollieren. Der Hunger wurde als Waffe zur Macht genutzt. Hilfsorganisationen wie das Internationale Rote Kreuz riefen dazu auf, in einer weltweiten Anstrengung Somalia in dieser verzweifelten Situation massiv zu helfen. Doch über Monate tröpfelte die internationale Hilfe nur – und sie erreichte in der Atmosphäre der unkontrollierten Gewalt immer weniger Notleidende.

Schließlich rüttelten Presseberichte und Fernsehbilder – allen voran des amerikanischen Nachrichtensenders CNN – die Weltöffentlichkeit auf. Die Politiker der westlichen Demokratien mussten angesichts der Hungerbilder und des offenen Missbrauchs der Hilfe handeln. Im April 1992 beschlossen die UN, Somalia mit Lebensmittellieferungen und auch der dafür notwendigen Sicherheit zu helfen. Zunächst kamen ein paar Dutzend Blauhelme, die dem Hunger und der Gewalt ohnmächtig gegenüberstanden. Dann setzte im August die internationale Luftbrücke mit Hilfsflügen ein, darunter auch Besatzungen und Maschinen der Bundesluftwaffe. Aber es dauerte bis zum 9. Dezember 1992, bis amerikanische Marines in Mogadischu landeten – mit Waffen und einem UN-Mandat. Die erste humanitäre Militärintervention fand in Somalia statt. Hier galt es, Frieden nicht nur zu wahren, sondern Frieden erst einmal zu schaffen.

Was mit der amerikanischen Landung am Strand von Mogadischu als humanitäre Mission begann, mutierte sehr schnell in ein militärisches Abenteuer vor allem der Amerikaner, die mit ihren Truppen allzu oft ihre eigenen Ziele verfolgten. So gab es teilweise zwei miteinander konkurrierende Interventionen: die US- und UN-Missionen. Der algerische UN-Sonderbotschafter Mohammed Sahnoun musste gehen. Der Ägypter und UN-Generalsekretär Boutros Boutros-Ghali und der amerikanische Präsident Bill Clinton setzten auf eine Lösung durch Gegengewalt. Als neuer UN-Sonderbotschafter deckte der amerikanische Exadmiral Jonathan Howe diesen halbherzigen Bemühungen den Rücken.

Während ihrer Jagd auf den somalischen *warlord*, General Mohammed Farah Aidid, gaben die amerikanischen Marines den letzten Schein auf, in Somalia eine neutrale

Vermittlerrolle spielen zu wollen. Aidid wiederum verstand es, die Situation für sich zu nutzen. Er stilisierte sich zum somalischen Robin Hood und Retter des Landes vor der neuen Fremdbestimmung durch die amerikanische Dominanz der UN-Mission und erreichte zeitweilig den Rang eines Nationalhelden. Diese internationale Politik erreichte das Gegenteil des Gewünschten: Die Kriegsherren und ihre Milizen gingen aus der Konfrontation gestärkt hervor.

Hunderte von Somali verloren in diesen Kämpfen zumeist in den Ruinen der Hauptstadt Mogadischu ihr Leben, Dutzende von Soldaten, die unter der UN-Flagge ihren Dienst taten, wurden getötet. Als schließlich im Oktober 1993 bei einer militärischen Strafaktion 18 U.S. Rangers starben, war der Wendepunkt erreicht. Amerika musste an den Fernsehbildschirmen miterleben, wie die Leichen seiner Jungen von einer grölenden Menschenmenge an den Beinen durch den Staub Mogadischus geschleift wurden, ein anderer als Geisel um sein Leben flehte. So etwas kann kein amerikanischer Präsident auf die Dauer politisch überleben. Bill Clinton, der den Somaliaeinsatz vom Republikaner George Bush senior »geerbt« hatte, blies zum Rückzug, einem Rückzug auf Raten. Erst gingen die Amerikaner und ihre europäischen Verbündeten, dann bis zum Frühjahr 1995 der Rest der Soldaten unter der blauen Fahne der Vereinten Nationen. Die Welt zog sich nach gut zwei Jahren geschlagen zurück.

Der Hunger war besiegt, die Vereinten Nationen auch. Somalia war wieder auf sich gestellt. Die Menschen standen nicht mehr am Abgrund des Hungertodes. Aber sonst hatte sich, trotz des enormen internationalen Einsatzes an Menschen und Mitteln, nichts geändert. Die Wurzeln des politischen und wirtschaftlichen Grundübels bestanden fort. Der Wiederaufbau beziehungsweise der Neuaufbau einer gerechten, dem Allgemeininteresse verpflichteten somalischen Gesellschaft hatte nicht stattgefunden. Armut und

Abhängigkeit von unmittelbarer Waffengewalt waren allgegenwärtig, die Milizführer und *warlords* herrschten wieder uneingeschränkt in ihren Landesteilen. Sie bekämpften sich, schlossen Allianzen und brachen den gerade untereinander geschlossenen Waffenstillstand immer aufs Neue.

Internationale Helfer steuerten ihre kleinen Ableger mit somalischen Mitarbeitern meist nur noch von der kenianischen Hauptstadt Nairobi aus. Aber die eingesetzten Mittel reichten kaum aus, die bewaffneten Eskorten und Wachmannschaften für teuer angemietete Häuser und Fahrzeuge zu zahlen. Niemand wollte sich in Somalia, das sich als so undankbar erwiesen hatte, die Finger wirklich verbrennen. Neutrale humanitäre Hilfe war in dem Puzzle der Einflusssphären nicht möglich. Wer half, hielt es mit der jeweils lokalen Macht, er musste es tun: in Nordmogadischu, in Südmogadischu oder in Kismaio, in Baidoa.

Es gab keine Ordnung in Somalia, kein von Menschen gemachtes Gesetz, auf das man sich berufen konnte. Es gab keinen unabhängigen Richter, vor dem man klagen konnte, keine Verfassung, auf die man sich stützen konnte gegen die Willkür der Macht. Also flüchteten sich Somalia und seine *warlords* in den Islam. Die Scharia, das islamische Recht, schien die einzige Norm zu sein, auf die sich alle Seiten in dem muslimischen Land einigen konnten. Die Religion wurde zum Friedensstifter im von Menschen verursachten Chaos. Das war gut so, das war ein Ausweg.

Aber auch Religion ist Menschensache – und damit anfällig für die Verführungen der Macht. Der Islam konnte in Somalia nicht ersetzen, was der moderne Staat den Menschen auf der nördlichen Halbkugel wie selbstverständlich bietet: einklagbare Rechte und Pflichten, Mitbestimmung und Beteiligung an der Politik, Schutz nach außen und Sicherheit nach innen. In Somalia eroberten über die Scharia-Gerichte und muslimischen Hilfsorganisationen auch Fundamentalisten und arabische Staaten immer mehr Einfluss.

Im innersomalischen Machtkampf konnten sich Organisationen mit funktionierenden Kontakten zu zahlungskräftigen Helfern und Unterstützern im Ausland immer schon einen Vorteil sichern. Die radikale al-Ittihad hatte offenbar solche Kontakte – auch zum Terrornetzwerk der al-Kaida. Über diese Verbindungen und Schleichwege nistete sich auch der internationale Terror in Somalia unter dem Banner des Islam ein.

Dabei ist der Islam nie gleichzusetzen mit Terror. Und auch der »islamische Terror« hatte in Somalia viele Gesichter. Seine internationale Spielart nutzte das Chaos, um sich in dem Land ohne Staat einzuschleichen. Er konnte dort Trainingscamps finanzieren, seine Präsenz dazu nutzen, gegen alles Westliche zu hetzen, ob gegen die Vereinten Nationen oder gegen die USA. Islamischer Fundamentalismus war in Somalia aber auch »Befreiungsreligion« gegen äußere, fremde Einflüsse – und damit eine klassische Antwort der islamischen Welt auf ihre existenzielle Modernisierungskrise: Der »verrückte Mullah« bekriegte zu Anfang des 20. Jahrhunderts als Islamkämpfer die britischen Kolonialherren, Diktator Siad Barre und sein Sozialismus missbrauchten den Koran zur eigenen Rechtfertigung, Mohammed Farah Aidid war jede Hilfe recht in seinem Kampf gegen die USA und die Vereinten Nationen, auch die Unterstützung der großsomalischen Islamfundamentalisten der al-Ittihad sowie der fernen al-Kaida von Osama bin Laden in Afghanistan.

Ist wegen all dieser Einflüsse, Verbindungen und konkreten Hinweisen Somalia als Terrornest zu brandmarken und zu stigmatisieren? Wie lange wird diesmal die Welt durchhalten, ihre Kriegsschiffe die Küsten Somalias patrouillieren zu lassen, damit keine flüchtigen al-Kaida-Mitglieder sich dorthin in Sicherheit bringen können? Ist das des Rätsels Lösung, gepaart mit »Reinigungs«-Operationen in Somalia selbst, ausgeführt von willigen Milizen und Klanchefs, die sich aus dem Bündnis mit den USA und der Welt Vorteile für die eigene Zukunft errechnen? Das Nachbarland Äthiopien fährt seit Jahren gut mit dieser Politik. Äthiopien »reinigt« Somalia immer wieder von allerlei »Arabesken« in seinem Hinterland, mit Wissen, zumindest stillschweigender Billigung der USA. Andere Verbündete der USA – wie Ägypten oder Saudi-Arabien – unterstützen in Somalia wiederum genau die Gegenkräfte. Wohin soll diese Weltpolitik führen, wenn nicht zu immer mehr und schwerer kontrollierbarem Chaos in Somalia?

Als ob es keine anderen Lösungen für Somalia gäbe. Das eigentliche Grundübel für Somalia ist, dass alle bei ihrer Analyse des Problems nicht von der einen Prämisse ablassen, es fehle Somalia »nur« der zentrale Staat. Nichts ist konservativer als Außenpolitik. Regierungen kommen und gehen, die Konstanten der Außenpolitik bleiben dennoch meistens bestehen. Dies gilt für westliche Demokratien genauso wie für Diktaturen oder Chaoshochburgen der Dritten Welt. Keiner wagt, an bestehenden Staatsgrenzen zu rütteln, Landkarten von gestern, für ein friedlicheres Morgen neu zu zeichnen. Vor allem nicht in Afrika, obwohl gerade dort die meisten Grenzen von heute durch fremde Mächte, die Kolonialherren von gestern, willkürlich gezogen worden sind. Aber selbst die erste Generation der Befreiungsbewegungen Afrikas, einmal an der Macht, legten in der Charta ihrer Organisation Afrikanischer Staaten OAU als Erstes fest: Die Staatsgrenzen sind unantastbar.

Aber muss dieses Prinzip auch nach innen gelten, wenn ein Staat innerhalb seiner Grenzen implodiert ist, nicht mehr existiert und sich eine Neuordnung von unten in kleineren Einheiten anbietet? In Somalia gibt es dafür Ansätze. Vom Rest der Welt nicht anerkannt, hat sich vom kriegsversehrten Teil des Landes die kleine Republik Somaliland bereits 1991 abgespalten – und sie hat etwas Aufbauendes. »Wir haben uns damals nicht vom Süden losgesagt, sondern unsere Souveränität wiederhergestellt«, erklärte mir vor Jahren Außenminister Mohamoud Salah Nur, ein weit gereister, weltoffener Mann, der »Fagadhe« genannt wird – was so viel heißt wie »bunter Hund«.

Die Republik Somaliland, dieses andere Somalia mit knapp drei Millionen Einwohnern fern von Mogadischu und den Einflusssphären der mörderischen *warlords*, ist bis heute international nie anerkannt worden. Hierher in den an den Golf von Aden grenzenden Norden kamen auch die Vereinten Nationen bei ihrem Somaliaengagement 1992 bis 1995 nicht. Sie respektierten stillschweigend den Sonderweg des Nordens. Der rechtfertigt seinen Staatsaufbau von unten ganz modern mit seiner eigenen Geschichte: Nach dem Sturz Siad Barres sei nichts mehr da gewesen, worauf man nach Auflösung des Zentralstaates hätte zurückgreifen können. Deshalb herrsche jetzt im Süden die Anarchie. Dem Norden aber sei es nach 21 Jahren Unterbrechung gelungen, an traditionelle Formen anzuknüpfen. Somaliland ist kein Kunstgebilde, sondern hat eine Geschichte, wie seine Regierung immer wieder betont. Eine britische Kolonialgeschichte freilich.

Doch auch hier im Norden lief nach der Implosion des nachkolonialen Somalia nicht alles friedlich ab. Es gab Kämpfe, Milizen, Krieg und den Zerfall in Einzelinteressen. Dagegen schlug der Norden den »traditionellen Weg« der somalischen Konfliktlösung ein. In endlosen Palavern sprachen die Klanältesten alles aus.

Das Ergebnis kann sich sehen lassen: Die staubigen Straßen der Hauptstadt Hargeisa sind ruhig und friedlich, es herrscht ein Gefühl der Sicherheit. Nirgendwo waffenstarrende Milizen. Keine auf Opfer lauernde *technicals* mit aufgeschweißten Maschinengewehren wie in Mogadischu, sondern verbeulte Taxen, deren Fahrer sehnsüchtig auf Kunden warten. Im Schatten der Platanen plaudern Männer auf wackeligen Holzstühlen, kauen die anregenden

Kat-Blätter und spucken die Stängel auf den Boden. In einer Seitenstraße stellen Frauen unbekümmert auf Holzkisten fein gearbeiteten Goldschmuck aus, Geldwechsler warten mit aufgetürmten Bündeln der eigenen Währung, Somaliland-Shillingen, ohne zu fürchten, dass jeden Moment marodierende Banden sie überfallen. Und auch solche Szenen gibt es in Hargeisa: Ein Polizist stoppt den Verkehr und geleitet ein kleines Mädchen mit zwei Wassereimern über die Fahrbahn.

Hier oben im Norden ist alles anders als in dem Somalia, das mit Mogadischu gleichgesetzt wird. Somaliland funktioniert wie ein ordentlicher Staat. Es gibt eine Regierung, Ministerien, Parteien, eine Polizei, zwei mäßig ausgestattete Krankenhäuser, ein jämmerliches Staatsfernsehen sowie einen staatlichen Rundfunk (Radio Hargeisa, 30 Mann, inklusive Techniker, eine Tonbandmaschine, zwei Kassettenrekorder) und eine unabhängige Tageszeitung. Dabei ist wahrlich nicht alles Gold, was hier glänzt. Aber in welchem Staat ist das schon so? Die Korruption, Klüngelei, Vetternwirtschaft sind in Somaliland nicht schlimmer als in vielen afrikanischen Staaten, die von der Welt anerkannt und mit Entwicklungshilfe und Sonderkrediten unterstützt werden. Ein Kleinstaat, den es noch dazu offiziell nicht gibt, kann all diese Quellen nicht anzapfen.

Vielleicht war dies in den Anfangsjahren auch gut so für Somaliland. Es musste aus eigener Kraft bestehen, selbst etwas aufbauen, eigene Antworten auf die dringendsten Fragen finden. Dass es dies konnte, hat es bewiesen. Aber Jahr für Jahr wird es schwieriger für Somaliland, ohne zwischenstaatliche Unterstützung aus dem reichen Norden das Land weiter aufzubauen und das Leben seiner Bürger zu verbessern. Allein kann es die Grundlagen für eine berechenbare Zukunft nicht legen, schon gar nicht mit Nachbarn im eigenen Land, die sich im Süden Somalias untereinander ständig bekriegen.

Warum also eine Zwangsvereinigung des funktionstüchtigen Nordens mit dem wirren Süden verlangen? Der Zusammenschluss des ehemals britischen Somalilandes im Norden mit der Exkolonie Italiens im Süden war 1960 freiwillig. Der Norden hat sich 1991 durchaus rechtmäßig wieder vom Süden getrennt. Die meiste Zeit in der Geschichte Somalias waren Süden und Norden keine Einheit, sondern von unterschiedlichen Sultanaten regiert. »Wir gehen nicht zurück. Warum will man uns zwingen, dass wir wieder als Einheit zusammenfinden? Das würde blutig werden«, erklärte ein Regierungsmitglied von Somaliland. Unter britischer Herrschaft habe er als junger Polizeioffizier 1959 Mogadischu im italienischen Süden besucht und dafür ein Visum gebraucht. »Einmal dort, galt ich als Ausländer.«

Das Argument: Ein Volk, eine Ethnie, eine Sprache, eine Religion, also ein Nationalstaat funktioniert für Somalia nicht. Der moderne, nationale Einheitsstaat ist für Somalia eine Chimäre. Er hat nie bestanden. Der von den Somali besiedelte Ogaden Äthiopiens, Dschibuti, und der Nordosten Kenias gehörten nie zum unabhängigen Somalia. Zudem haben die Mitglieder der Isak-Klanfamilie im Norden sowohl unter dem Einheitsstaat des Diktators Siad Barre als auch in der Kolonialzeit völlig andere Erfahrungen gemacht als andere Regionen und soziale Gruppen Somalias. Deshalb lautet eine der immer wiederkehrenden Erklärungen in Hargeisa dafür, warum Somaliland so anders ist als der Rest Somalias: Hier herrschten als Kolonialherren die Briten, nicht die Italiener. Unter der »indirekten Herrschaft« der Briten sei die traditionelle Elite als Mitregierung bestehen geblieben. Im Süden dagegen hätten die italienischen Faschisten alles Gewachsene zerstört.

Somaliland sieht sich in einer eigenen staatlichen Tradition. Dieser Tradition als Identitätsstifter und damit als staatsbildender Kraft sollte man in Somaliland wie auch anderen Regionen Somalias die Chance zur Eigenentwicklung einräumen – und diese dann auch fördern. Denn das will der weltweite Feldzug gegen den Terror doch eigentlich: die ganze Welt sicherer machen. Terroristen sind Verbrecher. Diese müssen mit polizeilichen Mitteln bekämpft werden. Wenn sie sich – wie in Afghanistan – mit Regierungen oder den Regierenden zusammentun, von diesen unterstützt, gefördert und in ihrer zerstörerischen Wirkung verstärkt werden, helfen nur noch militärische Mittel.

Doch in einem Gebilde wie Somalia, wo keine zentrale Staatlichkeit mehr besteht, lässt sich Terror, lassen sich Terroristen nicht mit polizeilichen Mitteln bekämpfen. Es gibt keine somalische Polizei. Militärische Mittel wiederum – seien es Bombardements oder Seeblockaden, Allianzen mit rechtlosen Milizführern oder nach dem Völkerrecht fragwürdige Invasionen aus Nachbarstaaten – werden den Sumpf der Rechtlosigkeit in Somalia nicht trockenlegen. Sie vergrößern ihn im Gegenteil noch. Dieser Sumpf ist aber der Nährboden, auf dem der nationale und internationale Terror gedeihen – überall, nicht nur in Somalia.

Blinde Militärschläge gegen Somalia, nur um zu beweisen, dass der Terror sich nirgendwo sicher fühlen kann, werden das Land am Horn von Afrika noch mehr destabilisieren und unter dem Strich die Mehrheit der am Terror unbeteiligten Bevölkerung treffen. Eine solche Politik treibt dem Terror von morgen nur neue Rekruten zu. In Afghanistan war die Welt bereit, der Zerstörung des al-Kaida-Netzwerks und der Talibanherrschaft ein Wiederaufbauprogramm folgen zu lassen – politisch, sozial und wirtschaftlich. Das war der einzig gangbare Weg. Für Somalia werden keine vergleichbaren Kräfte mehr übrig bleiben. Jeder gute Wille stößt an seine natürlichen Grenzen.

Die westliche Welt argumentiert – zu Recht – , dass der blutige Terror der al-Kaida und der ihr verbundenen Organisationen ihre Grundwerte angreift. Diese gilt es in dem weltweiten Feldzug gegen den Terror zu verteidigen und zu schützen. Ja. Aber dabei sollte nicht gleichzeitig zerstört werden, was geschützt werden soll. Die Freiheit sichern, diese Losung sollte auch für Somalia gelten. Übersetzt heißt das: die Selbstbestimmung einzelner Regionen akzeptieren, wenn diese rechtsstaatlich und demokratisch vollzogen werden. Der Aufbau staatlicher Ordnung von unten sollte belohnt werden, Schluss gemacht werden mit dem alten Patentrezept, die Beglückung immer von oben auf die Menschen herabregnen lassen zu wollen. Somalia braucht keinen Zentralstaat, es braucht Frieden und Freiheit. Beides lässt sich in einzelnen somalischen Regionen eher erreichen als in dem gesamten Gebiet, das unsere Atlanten als Somalia ausweisen.

Zum militärischen Kampf gegen den internationalen Terror braucht es weltweite Solidarität. Diese aufrechtzuerhalten ist ein politisches Kunstwerk. Zu einer neuen Außenpolitik, die bereit ist, die Welt und ihre Grenzen zu verändern, braucht es noch viel mehr Mut.

Anregungen zum Weiterlesen

Africa Watch: Somalia: A Government at War with Its Own People. New York 1990

Bongartz, Maria: Somalia im Bürgerkrieg. Ursachen und Perspektiven des innenpolitischen Konflikts, Hamburg 1991

Bowden, Mark: Black Hawk Down, London 2002

Clarke, Walter/Jeffrey Herbst: Learning from Somalia: The Lessons of Armed Humanitarian Intervention, Boulder, Colorado 1997

Dirie, Warris: Wüstenblume, München 2001

Farah, Nurrudin: Aus einer gekrümmten Rippe, Göttingen 2000

–: Duniyas Gaben, Frankfurt 2001

–: Geheimnisse, Frankfurt 2000

–: Vater Mensch, München 2001

–: Wie eine nackte Nadel, Göttingen 1996

Farer, Tom J.: War Clouds on the Horn of Africa: A Crisis for Détente, New York 1976.

Fitz Gibbons, Louis: The Betrayal of the Somalis. London 1982

Fogarassy, Helen: Mission Improbable, Lanham MD 1999

Henriksen, Thomas H. (Hrsg.): Clinton's Foreign Policy in Somali, Bosnia, Haito and North Korea, Stanford 1996

Herrmann, R. H.: Der kriegerische Konflikt in Somalia und die internationale Intervention 1992 bis 1995, Frankfurt am Main 1997

Hess, Robert L.: The Poor Man of God: Muhammad Abdullah Hassan. In: Norman R. Bennett (Hrsg.): Leadership in Eastern Africa: Six Political Biographies. Boston 1968

–: »The Mad Mullah« and Northern Somalia, Journal of African History [Cambridge], 5, No. 3, 1964, 415–433

–: Italian Colonialism in Somalia. Chicago: Chicago 1966

Jardine, Douglas J.: The Mad Mullah of Somaliland. London: Jenkins, 1923. Reprint. New York 1969

Krech, Hans: Der Bürgerkrieg in Somalia (1988–1996), Berlin 1996

Laitin, David D.: Politics, Language, and Thought: The Somali Experience. Chicago 1977

Lewis, I. M. (Hrsg.): Islam in Tropical Africa (2. Auflage), Bloomington 1980

–: A Modern History of Somalia: Nation and State in the Horn of Africa (rev. ed.), Boulder, Colorado 1988

Marren, Michael: The Road to Hell. The ravaging effects of foreign aid and international charity, New York 1997

Matthies, V.: Äthiopien, Eritrea, Somalia, Djibouti: das Horn von Afrika, München 1997

Weber, Mathias: Der UN-Einsatz in Somalia, Frankfurt 1997

Register

196

Der Moloch

Eine kritische Geschichte der USA

Karlheinz Deschner rollt alle historischen Fakten auf, die Amerika von seiner dunkelsten Seite zeigen: gewalttätig, unmoralisch, heuchlerisch und korrupt.

»Herrlich zu lesen in seiner tiefgründigen Bissigkeit.«

MAIN ECHO

19/316

HEYNE-TASCHENBÜCHER